从 0 到 1：
数字化转型孵化新商业的秘密

[美] 安东尼　史蒂文斯(Anthony Stevens) 著
　　　路易斯·施特劳斯(Louis Strauss)

　　　万　金　于　楠　　译

清华大学出版社

北　京

北京市版权局著作权合同登记号 图字：01-2019-0485

Anthony Stevens, Louis Strauss
Chasing Digital: A Playbook For The New Economy
EISBN：978-0-730-35863-3
Copyright © 2018 by John Wiley & Sons Australia, Ltd.
All Rights Reserved. This translation published under license.

本书中文简体字版由 Wiley Publishing, Inc. 授权清华大学出版社出版。未经出版者书面许可，不得以任何方式复制或抄袭本书内容。

Copies of this book sold without a Wiley sticker on the cover are unauthorized and illegal.

本书封面贴有 Wiley 公司防伪标签，无标签者不得销售。
版权所有，侵权必究。举报：010-62782989，beiqinquan@tup.tsinghua.edu.cn。

图书在版编目(CIP)数据

从 0 到 1：数字化转型孵化新商业的秘密 / (美)安东尼•史蒂文斯(Anthony Stevens)，(美)路易斯•施特劳斯(Louis Strauss) 著；万金，于楠译. —北京：清华大学出版社，2021.5
书名原文：Chasing Digital: A Playbook For The New Economy
ISBN 978-7-302-57833-8

Ⅰ. ①从… Ⅱ. ①安… ②路… ③万… ④于… Ⅲ. ①数字技术—应用—企业管理 Ⅳ. ①F272.7

中国版本图书馆 CIP 数据核字(2021)第 063332 号

责任编辑：王　军　韩宏志
装帧设计：孔祥峰
责任校对：成凤进
责任印制：宋　林

出版发行：清华大学出版社
　　　　　网　　　址：http://www.tup.com.cn，http://www.wqbook.com
　　　　　地　　　址：北京清华大学学研大厦 A 座　邮　　编：100084
　　　　　社 总 机：010-62770175　　邮　　购：010-62786544
　　　　　投稿与读者服务：010-62776969，c-service@tup.tsinghua.edu.cn
　　　　　质 量 反 馈：010-62772015，zhiliang@tup.tsinghua.edu.cn
印 装 者：三河市金元印装有限公司
经　　销：全国新华书店
开　　本：148mm×210mm　　印　张：5.75　　字　数：155 千字
版　　次：2021 年 5 月第 1 版　　印　次：2021 年 5 月第 1 次印刷
定　　价：59.80 元

产品编号：083300-01

推荐序一
数字化转型起步最难

数字化转型用于各个领域，走入每个人的生活；我们每天看手机，用 App 就能轻易地获得各类信息，也总觉得自己是走在时代前沿的时尚人士。个人数字化较为容易，而对于组织而言，由于人员多、规模庞大，该如何实现数字化转型呢？有没有标准的 SOP 可依循呢？你手上拿的正是一本教你按部就班地追逐数字化转型的指南。英文书名中的 Chasing Digital 两个词用得极好；由于新技术、新科技不断涌现，层出不穷，我们要不停地追逐！作者针对个人、企业 CEO、董事和组织给出建议，讲解全面细腻，以弥补企业在数字化转型中因考虑不周而遗漏的问题。感谢万金在百忙中抽出时间翻译了这本佳作；原作内容精彩，引经据典，译者经验丰富，字斟句酌，大家读来自然备感轻松。本书让极度复杂的数字化转型工作有了明确的指南，为各行各业正在思考如何进行转型的朋友提供了最有力的帮助。

企业家必须跟上数字化转型大潮，运用现代化的新技术和通信手段，改变过去制造产品、经营企业的方式，给客户提供价值更高的产品，同时为企业注入可跟上这个时代脉搏的新动力。但说易行难，应该从哪里入手呢？请跟着作者的思维阅读下去，就不必担心迷路了。

李智桦
中国台湾资深演讲家
《精益开发与看板方法》一书作者

推荐序二
数字化转型体现了商业核心逻辑

商业有自己的逻辑,即使在数字化时代也是如此。本书分析传统商业中那些亘古不变的规律,将它们用数字化方式重塑,成为您数字化战略中的"城堡"与"护城河",帮助您找到企业成功转型的逻辑。这就是本书给出的指导数字化转型的成功战略。

肖然
ThoughtWorks 创新总监
中国敏捷教练企业联盟秘书长
《深入核心的敏捷开发》一书作者

推荐序三
帮助企业做出重大决策的教科书式范例

在数字化转型过程中，企业管理层会遇到对数字化技术了解不足、疏于风险管控、技术转型无法与现有业务结合的问题。本书从投资管理、技术风险管控及获得管理层支持三个方面，给出参与数字化转型的多角度的建议。

首先，从三种创新(颠覆型创新、持续型创新和效率型创新)的投资组合策略入手，让企业获得长久稳定的发展。这与华为"量产一代、研发一代、规划一代"的思路不谋而合。创新驱动投资，投资带来企业发展，企业管理者应具备投资者心态，通过建立核心业务团队与用户价值创新团队的双重增长引擎，平衡短期回报与长期发展的投资策略。

其次，针对用户隐私、用户数据安全性、内部管控策略以及云计算方面，本书给出很多有益的实践。华为云也将安全合规作为企业的立身之本，华为通过了全球 70+合规认证，提供了一致的合规能力。华为具有 20 多年的安全合规基因，所有服务必须满足全部安全开发规范和基线，通过安全稽查后才能发布上线。

最后，在促进管理层了解新技术、参与数字化转型决策方面，本书提出任命数字执行官和技术咨询委员会的建议，让董事会与技术专家一起工作。与其被动等待，不如主动参与技术决策。华为在重大决策方面也有一些重要举措，华为有分层分级的技术与业务决策机制和流程，重大项目需要到 PMT(组合管理团队，团队级决策组织)、IRB(公司级投资评审委员会，业务线决策组织)、常务董事会分层决策，保障决策的高效，并降低决策风险。

创新不是做从未有过的事情，而是将那些正确的事情，用新的、更具效率的方式再实现一次，本书在投资管理、技术风险管控和获得管理层支持方面给出了可实际操作的范例。

汪维敏

华为云应用平台领域副总裁

华为云 DevCloud 联合创始人

推荐序四

涵盖技术与文化全方位的数字化说明书

"数字化转型"不仅是微服务、容器、云原生等技术的应用，也伴随着组织、文化、流程等多方面的变革。本书定义了一整套实用的策略和实践，既有挑战性，又有纪律性；为每一位身处数字化转型时代的领导者，提供了很好的参考和指导。

王磊
华为资深架构师
《微服务架构与实践》作者
《DevOps 实践指南》译者

译者序

> 风会熄灭蜡烛,却使炉火越烧越旺。要利用风,而不是躲避它。要成为炉火,渴望得到风的吹拂。
>
> ——纳西姆·尼古拉斯·塔勒布

数字化是一种面向数据的思维方式,旨在从数据中发掘出无限的洞见、商机和应用,从而重新定义市场。另一方面,在技术层面上,数字化是一种技术的应用,通过数据、平台和智能系统,为业务赋能,使企业成功转型。谷歌、亚马逊和脸书等大批科技公司的崛起都离不开这些因素。数字化并不是简单的技术应用,而是一组核心能力,是能帮助企业在市场中获得竞争优势的开放平台。

数字化转型已成为近几年的热词,也有人提出了信息革命的概念,但很少有人能把传统企业如何进行数字化转型说清楚。您是否面临这样的窘境:长期进行技术投资,却未让业务受益,更糟的是新的竞争对手正在抢占市场份额。这是因为企业技术投资的方向与战略不匹配。本质上讲,新经济是以客户为中心的世界。在这里客户拥有显著的优势、选择权和影响力。只有顺应数字化发展的趋势,与用户展开互动,优化服务,才能推动业务增长。

当今世界正处于从物理向虚拟迁移的进程中。电商的爆发,小米智能手机和微信的出现,直接导致2012年中国手机网民数量超过电脑上网的网民数量,其中很大一部分人第一次上网用的是手机而不是电脑。2015年移动支付大战将人们的消费活动迁移到网上。2018年直播和短视频应用的兴起,更是把人们的碎片时间全部吸入了互联网这个注意力黑洞中。2020年的新冠疫情使得办公也在线上进行;无论是社交、金融、教育、医疗还是交通和娱乐领域,好像骤然间我们的生活已经全面互联网化了。我们使用互联网越多,互联网也越了解我们;随着物联网、大数据和人工智能的不断发展,自动为客户提供个性化服务已成为可能。

为什么数字化转型会成为必然趋势呢?自古以来,社会的发展都遵循两条清晰的主线:第一是利用更多能量;第二是掌握更多信息。从能量角度看,煤炭、石油和电力的应用,使得手工劳动不断被机器取代;而信息发展的趋势是,知识和信息的载体在变化,从兽骨、纸张向计算机和网络转移,人工智能系统将取代人做重复决策,完成人力不可能完成的大规模定制化服务。以个人贷款为例,如果通过人工进行贷款信用审核,费时费力,且做不到随时放款。如果通过信用评估自动计算可贷款额度,则可将大量信用审核的决策工作交给智能算法,也将开启新的个人金融市场。

对于传统企业而言,转型分为三个阶段,先要制定顶层战略,然后引入数字化技术,最后通过投资和风险管理让董事们参与到转型中来。下面是本书三个部分的介绍。

- 第 I 部分"重大决策":转型应该从企业管理者发起,明确核心业务的"城堡"与"护城河";创新性地提出双引擎的方式来平衡核心业务与数字化业务的不同目标;鼓励创新文化,让企业文化成为转型的助力因素。
- 第 II 部分"数字化为变革赋能":善用数据的飞轮效应,构建数字护城河;通过打造平台将需求侧规模效应最大化;使用数据来训练人工智能系统,不断优化服务体验。
- 第 III 部分"加速变革":平衡短期回报和长期投资,实现稳定的现金流和更快增长;管理网络安全的风险,拥抱云计算,强调软件工程的重要性,借助开源软件快速启动创新;在重大决策上获得董事会的支持,通过任命数字执行官将数字化和多样化思维传递给董事们,成立技术咨询委员会管理技术风险。

书籍在古代和今天有着相同的功能,即传播知识和思想。古书上有批注留痕,使其往往比新书更受收藏家青睐。不同的是,今天我们有了数字化的技术和新颖的互动体验,例如可通过人工智能语音朗读书籍，或在电子书中标注精彩部分并做笔记。当然，也可加入读书群实时获得反馈。

在本书的翻译过程中，我感受到了作者在技术、管理和市场方面的深刻洞见，也拓宽了个人的知识领域。希望本书能帮助那些正在进行数字化转型的组织和个人，从蜡烛变成一团炉火，并借助数字化转型的风口，开拓出新市场。

最后，感谢我的家人、清华大学出版社的编辑以及为本书的出版辛劳付出的其他人士。

万金

2021 年 1 月 28 日

译者简介

万金，在金融、电商、通信、云计算和制造领域拥有 18 年从业经验，曾任软件工程师、架构师、技术专家与咨询总监等职。曾供职于国内外多家大型企业，包括 IBM、埃森哲、ThoughtWorks、华为、京东、金山云等。从具体研发实践到提升软件研发管理水平；从敏捷、精益和 DevOps 理念，再到帮助企业建立技术中台、数据中台，提升企业竞争力，都有丰富的实战经验。

曾担任中国区解决方案中心总监，帮助企业搭建技术中台和数据中台，助力大型金融集团进行数字化转型。资深 DevOps 咨询顾问，敏捷导师，国内大型通信企业全面 DevOps 转型推动者，一站式 DevCloud 研发平台方法论缔造者。

工信部国家标准《研发运营一体化(DevOps)能力成熟度标准》编写与制定评审委员会成员之一。《DevOps 实施手册》译者，国内外 DevOps 著作与报告中国区译者团队核心成员。多次参加科技领域国际峰会，分享最新技术洞见，并担任主持人，被听众投票评为金牌讲师。

于楠，资深媒体人、外宣工作者、高级翻译，参与一系列国家级重大外宣报道翻译任务，如全国两会、中非合作论坛、"一带一路"峰会、G20 峰会等。出色的双语采访、编译经验，采访及报道国家部委、国际组织、海外著名华企、驻华大使和商界领袖等。翻译审定量达数百万字。

拥有英国莱斯特大学大众传媒专业硕士学位，是密苏里新闻学院访问学者。拥有 CATTI 二级笔译证书。曾获联合国文件翻译大赛职业组二等奖，全国翻译资格考试考生译著成果展最佳译著奖。译著包括《大数据 MBA——通过大数据实现与分析驱动企业决策与转型》《大数据策略——如何成功使用大数据与 10 个行业案例分享》《街拍的摄影艺术》《死神的噩梦》等。

管理审稿人简介

丁静,中国人民大学管理学硕士,英语、经济法、人力资源、心理学多重教育经历,二级人力资源管理师。

20年外资企业人力资源工作背景。10余年外企人力资源高管经验,经历过企业从组建、发展到稳定的全生命周期。熟悉先进企业的管理方法,对于组织设计、人才赋能、业务转型、领导力发展等方面有独特的见解和丰富的实践经验。

曾多次参与或主导企业内战略发展项目,为最高决策层提供人力资源建议和支持。熟悉企业董事会运作和决策模式,曾多次参与企业董事会并负责相关决议执行工作。

致　　谢

在本书的创作过程中，有幸得到了众多朋友的支持。本书得以顺利出版，要特别感谢以下名单中的朋友、同事、个人的全程支持。

向以下各位表示最诚挚的感谢。

Mark Briffa	Philip Colligan
Dave D'Aprano	Mark De Ambrosis
Alline Dos Santos	Anthony Ferrier
Kate Huckson	Wayne Jenkins
Sunil JNV	Shariq Khwaja
Steve Nola	Simon Overend
David Prakash	Jothi Rengarajan
Greg Rudakov	John Shin
Jodyne Speyer	Gowri Subramanian
Richard Susskind	James Turner
Tricia Wang	Steven Worrall

同样感谢 Kath Walters 出色的指导和编辑。

感谢 Bernard Salt 对本书创作方面的启发、指点和建议。

感谢 Mathew Herring、David Linke 和 Emily Ulcoq，感谢你们的支持、反馈和鼓励。

最要感谢的两位是 Sarah Overton 和 Gennevieve Stokes。你们详尽的分析和批评指正极具参考价值。

Anthony 感谢太太 Tiffany、儿子 Ned、女儿 Claudia 的信任和支持！

Louis 感谢家人和朋友们一直以来给予的支持。

前　　言

联袂著书是一个分享与相互学习的好机会，并可能引领行业发展。我们认为，通过创作本书，可更好地服务更多领域的人，帮助他们了解这个行业，并能从这个行业中获得帮助。我们希望本书能激发广大读者的兴趣，让他们了解数字化转型的本质特征，以及为什么数字化转型能产生前所未有的经济影响。在感谢帮助我们完成本书的诸位之前，我们认为读者可能有兴趣了解一下此次合作的背景。

安东尼有话说

25年来，我一直在思考技术和互联网在商业中的应用。我写过大量文章，也有机会与世界各地许多有才华的高管和思想领袖交流和共事。在我的职业生涯中，我把大部分时间花在领导力、技术和战略的交叉领域，这些领域是我非常热爱的。这些经验是撰写本书的基础和动力，在本书中，我们将经过验证的概念和策略应用到数字化转型的变革过程。

我与路易斯曾有过深入合作的机会。路易斯是我的朋友、同事，也是一位才华横溢的未来领袖。如果没有他在沟通复杂想法方面的天赋，以及对这个独特项目的热情和贡献，本书是不可能问世的。

路易斯也有话说

在欧洲期间，我对商业发展和技术变革产生了浓厚兴趣，我与几家初创企业合作，遇到了许多不同的人，他们鼓励我深入思考商业和美国经济的未来。我现在既在初创企业工作，也在传统企业任职，我对这两种类型的企业所面临的机遇和挑战感到兴奋。像我这一代中的许多人一样，我相信未来最成功的公司将是那些不仅能打破市场规则，而且能努力对他们所服务的客户群体产生积极影响的公司。对于那些希望在数字时代及以后取得成功的人来说，这条道路并不平坦，但潜力巨大，且充满刺激。本书旨在帮助传统行业的从业者发掘这种潜力。

与安东尼一起工作是一段美妙的经历，他深邃的思想和独特视角是我塑造自己的商业和技术思想的基石。

联袂著书

本书诞生于我们两位在办公大楼里的一次生动对话，当时我们正在俯瞰澳大利亚墨尔本的天际线。我们坐在一个黄金地段，从这里可以俯瞰柯林斯街(Collins Street)到市中心的景色，许多市中心建筑工地熙熙攘攘的景象近在眼前。墨尔本是世界上发展最快的城市之一，似乎每天都有新的摩天大楼拔地而起，这些大楼上面的公司品牌都是五年、十年前不存在的。

作为专业人士，我们与有魄力的领导者、经验丰富的专家和位高权重的高管合作，他们希望利用数字化转型创造的机会，让自己的公司声名远播。但我们想知道，在未来10年或50年里，哪些企业依然繁花似锦？而什么样的企业终将取代那些消失的企业？

到谈话结束时，我们一致认为，无论未来多么不确定，数字领域成功的指标已逐渐明确。毫无疑问，正在进行数字化转型的公司和那些面对不断变化的经济形势无动于衷的公司，在战略、思维及体系层面上，都存在明显差异。我们的经验充分佐证了对于一个寻求彻底变革旧商业模式的领导者来说，需要什么样的基础条件和必要步骤。我们知道，关于这个问题，顾问们有很多想法，商业杂志也提供了一些建议，但我们相信，此前还没有现成的数字化转型成功指南。

现在，《从 0 到 1：数字化转型孵化新商业的秘密》的问世，将有力地填补这一空白。

目　　录

第 I 部分　重大决策

第 1 章　成功的战略 ··· 3
1.1　传统模式 ··· 4
1.2　顶层战略部署 ··· 6
1.3　重建城堡 ··· 8
1.4　注意力红利守恒定律 ·· 9
1.5　需求侧和供给侧的规模经济 ·· 11
1.6　再次将这些战略应用于城堡 ·· 12
1.7　拓宽护城河 ··· 14
　　1.7.1　不再是要素的"护城河特性" ································ 15
　　1.7.2　三种制胜的传统护城河 ·· 16
1.8　数字护城河：审视飞轮效应 ·· 17
1.9　问题 ··· 19
1.10　本章小结 ··· 20

第 2 章　组织阵型 ·· 23
2.1　核心业务盈利放缓 ·· 24
2.2　彻底的战略转型 ·· 25
2.3　引擎 A ·· 26
2.4　引擎 B ·· 29
　　2.4.1　赋能引擎 B 团队 ·· 29
　　2.4.2　引擎 B 以软件为核心 ·· 31
　　2.4.3　数据驱动思维的重要性 ·· 32
　　2.4.4　与客户一起拓展需求侧规模 ···································· 33

2.5 问题···34
2.6 本章小结···35

第3章 文化···37
3.1 您的企业文化是否阻碍数字化转型·····························38
3.2 数字化企业的文化基石··40
    3.2.1 信息流通··40
    3.2.2 关注客户··41
    3.2.3 敏捷性··41
    3.2.4 好奇心··41
    3.2.5 员工经验和参与··41
3.3 建立成熟的数字化团队···42
    3.3.1 从看得见的领导力开始································42
    3.3.2 打破仓筒··44
    3.3.3 教育··44
    3.3.4 分布式决策···45
    3.3.5 鼓励团队的多样化······································46
    3.3.6 关注交付··47
3.4 问题···48
3.5 本章小结···49

第II部分 数字化为变革赋能

第4章 数据···55
4.1 三大关键知识点··56
4.2 数据的飞轮效应··58
4.3 厚数据的应用···59
4.4 数据使用及应用框架···61
4.5 优先关注的三个领域··64
    4.5.1 利用数据来完善决策···································66

	4.5.2 改善经营	68
	4.5.3 数据资产变现	69
4.6	问题	70
4.7	本章小结	70

第5章 平台 ... 73

- 5.1 平台的网络效应 ... 76
- 5.2 平台的速成课 ... 78
  - 5.2.1 平台型企业的诞生 ... 79
  - 5.2.2 整合的力量 ... 80
  - 5.2.3 互补性与开放 ... 82
- 5.3 从连接型企业到平台型企业 ... 83
- 5.4 搭建平台 ... 84
- 5.5 外向型管理 ... 89
- 5.6 定义成功 ... 91
- 5.7 问题 ... 92
- 5.8 本章小结 ... 92

第6章 智能系统 ... 95

- 6.1 机器学习的崛起 ... 96
  - 6.1.1 监督式学习 ... 97
  - 6.1.2 无监督学习 ... 97
  - 6.1.3 强化学习 ... 98
- 6.2 数据的完美拍档 ... 98
- 6.3 人工智能的五个关键因素 ... 99
- 6.4 创建智能系统 ... 102
  - 6.4.1 理解 ... 103
  - 6.4.2 识别 ... 103
  - 6.4.3 排序和计划 ... 103
  - 6.4.4 执行和监控 ... 104

6.5	组建团队	104
6.6	大数据的五个特性	105
6.7	建造高防御性护城河	106
6.8	问题	109
6.9	本章小结	109

第 III 部分　加速变革

第 7 章　投资管理 — 113
- 7.1 三种创新 — 114
  - 7.1.1 颠覆性创新 — 114
  - 7.1.2 持续性创新 — 115
  - 7.1.3 效率型创新 — 115
- 7.2 平衡短期回报和长期投资 — 116
- 7.3 投资者心态 — 116
  - 7.3.1 建立创新文化氛围 — 117
  - 7.3.2 更快的增长 — 117
  - 7.3.3 鼓励投资效率 — 119
- 7.4 问题 — 121
- 7.5 本章小结 — 121

第 8 章　技术风险管理 — 123
- 8.1 网络安全的新规则 — 125
- 8.2 与开源软件做朋友 — 128
- 8.3 走出云计算的误区 — 130
- 8.4 问题 — 133
- 8.5 本章小结 — 133

第 9 章　给董事会和董事们的建议 — 135
- 9.1 获得董事会的支持 — 136

	9.1.1 提出议案	136
	9.1.2 重新审视重大决策	136
	9.1.3 董事会和首席执行官之间要保持平衡	137
9.2	任命数字专家	138
9.3	提倡多样化和创新	139
9.4	加强技术风险管理	140
	9.4.1 成立技术咨询委员会	141
	9.4.2 任命数字执行官	141
9.5	问题	142
9.6	本章小结	142

结语 ... 145

参考文献 ... 149

第 1 部分

重大决策

我们进行重大决策时,首先要弄清楚两个重要问题:自己的企业是做什么业务的?又是如何赚钱的?

那些前数字化时代的企业领导者首先需要评估以下问题:企业发展的核心驱动力(即具有驱动作用的经济引擎)是什么?新经济环境下,什么样的战略能最有效地推动企业向前发展?企业以往都通过发现商机、了解具体法规、获取资源或利用增长机会来启动经济引擎。规划企业发展时,始终假设这些条件不会发生根本性变化。即便发生变化,变化也是缓慢的;所面临的机遇和挑战均源于企业的行业地位。

近年来,很多企业利用互联网的连接优势开创出新的商业模式,比如谷歌(Google)、脸书(Facebook)、奈飞(Netflix)和亚马逊(Amazon)等。于是,经济引擎和发展战略发生了翻天覆地的变化。恰恰就是这些变化赋予了那些全球最成功的企业源源不断的发展动力。长期以来驱动企业高速增长的主要因素在今天发生了深刻变化。总之,互联网差不多同时完成了两件事:一是动摇了企业赖以生存和发展的基础;二是开创了全新的运营模式。

从积极的角度看,企业的经济运行可能从一种模式转变为另一种模式。我们建议启动与旧引擎并行的新经济引擎。这项任务十分艰巨,但只要有正确的领导力、愿景和人员是可以完成的。通常,我们总是看到企业积极尝试数字化转型、实施新战略，却从不去改变组织阵型和企业文化这两个基础领域。"组织阵型(Organizational Design)"指的是组织的架构及其在行业中的定位。"企业文化"更难定义，但就本质而言，是企业员工共有的价值观和习惯。快速开启数字化转型需要有新的经济引擎，而战略、组织阵型和企业文化正是新经济引擎的关键组成部分。

第 1 章

成功的战略

> 人皆知我所以胜之形,而莫知吾所以制胜之形。
> ——孙子

目前的战略对您在数字经济竞争中帮助有多大?在过去几年中,您做了哪些工作来调整战略?也许您收购了公司,扩展了服务或产品,优化了供应链,还可能多次调整了组织结构,并新任命了具有新思维的领导者;也许已通过更新网站或某种方式的品牌升级来满足客户不断变化的需求;还可能已尝试通过削减运营费用来提高利润。

技术投资、任命新人都给董事会、股东和高管们一种"我们在努力做事"的感觉。但大多数领导者都没做到让新实施的技术与核心业务战略及外部市场的趋势协调一致。许多领导者都说有必要推进创新文化、投资初创公司,提升董事会和高管层面的技术能力和经验。这些举措每一项都很有意义,但关键是要将它们作为一组有凝聚力的转型举措融合在一起。为此,必须首先考虑商业模式,以及客户现在和将来想要什么,并将这些基本原则与股东的利益结合起来。新战略要求在企业内部管理好变革过程。与此同时,外部竞争格局、消费者偏好和技术的不断迭代,又展现出强劲颠覆力。因此,为数字世界制定成功的商业战略已然成为一个生死攸关的问题。

我们提供的解决方案是,回归本质,重新审视经济引擎,并制定新的数字化整合战略。这是本章的重点。本章还将说明如何在现有业务和竞争优势的基础上实施相应的战略。

1.1 传统模式

现在您可能已经意识到企业战略和技术之间的联系还不够紧密,问题无处不在。您在 IT 领域进行了大量投资,但这些投资未能对利润产生显著影响。新的竞争对手正在抢占市场份额。

我们先来详细了解一下问题所在,然后深入讨论解决方案。

1980 年,迈克尔·波特(Michael Porter)出版了《竞争策略》[1]一书,彻底改变了全球商业战略理论、实践和教学。波特五力模型(见图 1.1)通过行业分析来帮助公司制定理想的战略;该模型定义了一个思维框架,帮助前数字化时代的管理层识别盈利能力以及行业竞争力。波特认为,行业中有五种力量在发挥作用。核心是同业竞争者的竞争程度;起辅助作用的四种力量是:供应商的议价能力、购买者的议价能力、替代品的威胁和新进入者的威胁。

---

1. 原作名为 *Competitive Strategy: Techniques for Analyzing*。

第 1 章 成功的战略

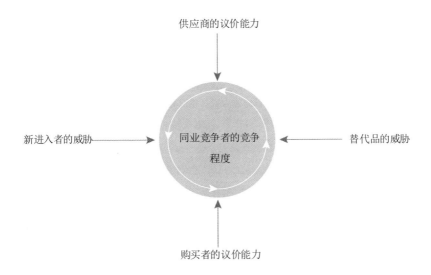

图 1.1 波特的五力模型

但互联网改变了一切,波特五力模型也需要随之更新。换句话说,我们需要一种用于制定战略、保持竞争优势的新方法。

互联网、社交媒体、近乎零的分销和客户引入成本,数据和基于平台的商业模式的爆炸性增长,再加上人工智能的兴起,所有这些因素共同发挥作用,使得速度和创新成为许多董事会和高管首先需要解决的任务。这些因素还促进了交易速度的空前提升,扩大了全球范围内的供应和分销网络,加快了新企业上市速度,也提高了客户对所购买产品和众多替代品的认识。图 1.2 在波特五力模型的基础上加以改进,呈现了数字世界中新的竞争力模型。

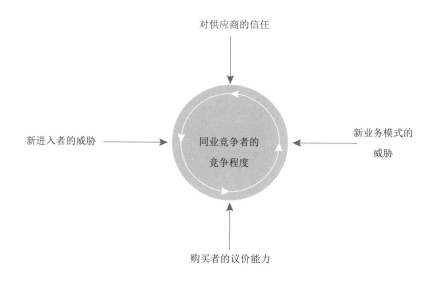

图 1.2　新经济中的竞争力

从本质上讲，新经济是以客户为中心的世界。在这个世界中，客户享有显著的优势、选择权和影响力。这些力量可能对您不利。前数字时代的公司，也许可在短期内避免遭受冲击；但在现在，精明的竞争对手将利用这些力量从您的地盘抢走市场份额。因此，企业要学习顺应数字化发展趋势，并利用其推动自身业务的增长。

1.2　顶层战略部署

企业需要对战略进行重大调整，才能应对市场格局的风云变幻。在充分利用现有品牌知名度和客户关系的同时，还需要调整商业模式。

遗憾的是，对手是资金非常充裕的初创公司。根据企业服务数据库公司 Crunchbase 提供的数据，截至 2017 年第三季度，交易量和美元交易金额均创下互联网泡沫产生以来的新高。预计该季度的风投融资将高达 6146 轮，投资额为 601.7 亿美元，同比增长约 50%。随着初创公司资本融资的爆炸性增长，大型传统企业面临一系列复杂问题。传统企业将商业模式转变为依赖数据、软件和平台的数字商业模式方面所花费的资金通常只占初创公司技术投资的一小部分。初创公司吸引顶尖人才的秘方是其创造财富的机会和创新文化。员工可对雇主进行评估和评级的 glassdoor.com 网站显示，2018 年美国和欧洲所有排名靠前的中小型公司当中没有一家成立于 2002 年以前。在截至 2017 年的 11 年中，谷歌有 8 年都在《福布斯》杂志的"最佳雇主"排行榜上居于榜首，其中部分原因就在于其员工的活力。其中有人说："我喜欢在世界历史上最伟大的公司工作！这个地方太棒了，而且会越来越棒。没有什么是我们做不到的，在大厅里走动的每个人都觉得自己可参与改变世界。"

初创公司给传统企业造成的竞争压力并非仅限于初创公司可得到资助的新商业模式和文化吸引力。正如我们在大型科技公司身上看到的那样，投资于数据、平台和智能系统的公司将更具颠覆性。因此，拥有这些能力的企业更可能取得成功。但如果企业不具备这些能力呢？能存活下来吗？

在过去十年中，各种形态、各种规模的平台已开始改变许多行业的性质。无论是在零售业、制造业、服务业、医疗行业还是财务管理行业，您都已注意到：平台在客户的购买习惯和期望中扮演着越来越重要的角色。例如，对于传统概念下的会计人员来说，工具(会计系统)、配置、专业建议和会计工作本身互不相干。然而，在过去 10 年里，会计系统已转移到线上，这样一来，客户使用起来就更容易，成本也降低了，软件提供商也可获取大量客户数据。

数字化转型正在对专业服务产业以及大多数其他行业产生颠覆性冲击。那么您能做些什么呢？为了向前发展，需要理解两个关键概念。专业投资者、亿万富翁沃伦•巴菲特(Warren Buffett)在 1996 年写给伯克希尔•哈撒韦公司(Berkshire Hathaway)股东的一封信中提到:"在商业领域,我寻找由牢不可破的护城河保护的经济城堡。"这句话强调了与数字时代新战略相关的两个概念,而伯克希尔•哈撒韦公司的股票在 20 世纪 90 年代中期经济繁荣时期顺势而上同样也与这两个概念相关:

- **城堡**。城堡代表业务增长驱动力——简而言之,就是您如何赚钱。稍后,我们将展示如何将需求侧和供给侧的规模经济应用于数字平台,以重塑企业的经济增长引擎。
- **护城河**。护城河代表企业的特有优势,以及这种特有优势如何帮助您在市场上获得可持续发展和主导地位——或者,我们不妨大胆地称之为"垄断地位"。就本质而言,护城河就是指您的竞争优势。稍后将在新的数字化经济背景下重新审视这一点。

除了城堡和护城河,成功的战略对于企业的成长同样至关重要——这几方面并行不悖,分别专注于不同领域,相辅相成。例如,梅尔达德•巴格海(Mehrdad Baghai)等的著作 *The Alchemy of Growth* 提出一种具有三个同期并存阶段的工具,该工具可使公司在短期内不扼杀核心产品或服务的情况下管理未来的增长。每个地平线代表一段时间,在此期间内,企业可在当前业绩不受影响的情况下投资新产品或服务,来获得预期的回报或对公司的财务产生可持续的影响。

采用多个地平线投资架构的好处在于,通过将执行过程分解到各个管理模块,可控制企业内部变革进程,从而更好地规划及管理与战略发展相关的投资。

1.3 重建城堡

传统企业自然也知道如何赚钱,不是吗?您面临的挑战在于,面对快速发展的数字经济如何持续加速发展。如果想在快速业务转型的同时让当前的"自动提款机"保持正常运转，就更需要费一番周折。要知道互联网是以一种免费、开放和即时的方式来分销产品和服务，开展与客户互动的。

这已经迫使传统的业务规则发生改变。那么，什么能推动您的增长呢？我们认为需要重点关注以下两个领域：

- 价值链
- 需求侧和供给侧的规模经济

1.4 注意力红利守恒定律

2004年，创新专家克莱顿·克里斯滕森(Clayton Christensen)写了一篇关于注意力红利守恒定律的文章。这个定律假设，当价值链上某个环节的注意力红利随着产品的模块化和商品化而消失时，赚取这种红利的机会往往会出现在相邻环节的专有产品上。

这一定律在下面三个案例中得到淋漓尽致的体现，优步对出租车行业的冲击、奈飞对内容提供方和媒体制作行业的颠覆以及爱彼迎对酒店业的冲击。

刚才我们谈到了咨询服务产业。一直以来，整合人力资本和知识产权(IP)这一战略都为咨询服务产业带来丰厚利润。如果专业公司能吸引最优秀的人才，拥有最佳的知识产权，则将在客户中获得最佳声誉，进而获得最丰厚的经济价值。价值链中的最后一项是值得信赖的可交付产品，因为咨询服务提供的是建议或某种形式的保证。此类建议或保证要以客户后续可使用的某种形式交付。此外，交付成果令人信赖。如果交付成果是由顶级或信誉良好的公司提供的，就更值得信任了。

了解数据所扮演的角色至关重要。在前数字化时代，信用的交付结果是静态的，通常以纸质形式交付，如幻灯片和建议书。这类

第 I 部分 重大决策

交付成果由意见领袖驱动,大部分都是定性的。客户现在期望看到由数据支持的可量化解决方案,要求有自己能实时跟踪和测量的动态交付成果。客户还想拥有一套自动化解决方案,用于完成那些低附加值、高重复性工作。此外,知识产权也从纯粹的知识(大部分是定性的)转变为专有数据(既是定性的,也是定量的)。所有这一切意味着数据资产提供了意义重大的进一步的差异化。关于数据的更多信息,请参见第 4 章。

由于软件和数据需求推动了咨询服务价值链的变化,企业正在优先考虑投资新技术和数据资产。诚然,这类购买是与人力资本相结合的,但人力资本已变得易于获得(商品化),在交付时变得不那么重要,因为只要公司的知识产权被硬编码到基于庞大而特有的数据资产优化的软件解决方案(交付物)中,就能获得新的价值和收益。图 1.3 显示了这些变化。

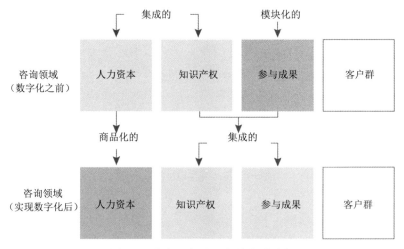

图 1.3 咨询服务公司的价值链分析

注意力红利守恒定律的关键在于,您必须花时间分析价值链,并通过各种选择,整合或模块化不同服务功能,来改变价值创造的方式。即使一个备选价值链看起来不太可能或难以想象,仍然值得考虑将其作为战略的一部分。毫无疑问,早期有很多人对优步、奈飞和爱彼迎持怀疑态度。那就参照我们对上述咨询服务公司价值链所做的分析重新评估一下您的价值链吧。您能看到所在行业的机会吗?如果不能,原因何在?行业中是否存在可进一步考虑的限制或规范?

在我们提到的所有例子中,价值链中的整合节点都向右移动,并且更接近客户。这也符合大型科技公司的关键举措之一,即强调业务的需求侧。我们将在第 5 章中详细讨论与这种方法相关的一些优势。

1.5 需求侧和供给侧的规模经济

传统的规模经济告诉我们一个众所周知的真理,规模经济通常可帮助企业降低供给侧的投入成本。然而,您现在需要做的与需求侧的规模经济有关。需求侧规模经济是指商品或服务的价值随着用户数量的增加而增加。互联网将分发成本和边际成本降到接近于零,从而极大地促进了应用在需求侧和供给侧的规模经济发展。这样一来,就出现了赢者通吃的市场,因为一旦需求侧规模经济被激活,就会出现爆炸性增长。

有些企业基于一种客户主张,同时创造了供给侧和需求侧的规模经济。这就是所谓的平台,需求侧和供给侧的力量加速了平台本身价值的实现,远超最初创建平台的公司本身的价值。线上零售商亚马逊就是一个典型例子。2016 年,全球超过 10 万家小企业通过亚马逊实现了超过 10 万美元的销售额。截至 2017 年初,亚马逊商城帮助卖家在全球范围内吸引的活跃客户数量超过 3 亿。

亚马逊的核心驱动力是尽可能提供最佳用户体验,从而吸引更多客户。最初是通过提供比其他任何一家实体商店都要多的图书选择来实现的。随着越来越多的客户从亚马逊上购买商品,第三方卖家由此受到激励,开始通过聚集大量用户的亚马逊平台进行销售,从而创造出更多选择空间,给亚马逊带来更多流量。这意味着亚马逊能更有效地利用自有基础设施,如仓库和分销渠道等,这就是亚马逊的商业模式在供给侧产生的规模经济效应。效率的提高意味着亚马逊能将这些省下的资金重新投资于改善基础设施,从而进一步降低成本,并通过改善物流为客户提供更好的体验,进而吸引更多客户。更多客户意味着更多数据,这有助于亚马逊更好地了解客户,进一步改善用户体验,为更多客户提供服务。因此,亚马逊创造了一种良性循环,科技博客作者萨姆·西利(Sam Seely)将其称为"亚马逊的飞轮效应"。

这个例子简单明了地说明了什么是供给侧的规模经济。更高效地使用基础设施可降低投入成本,进而降低给客户的报价。在这个模型中,更微妙的是需求侧的规模经济,以及客户在促进良性循环中发挥的关键作用。在这个反馈回路中,客户推动了客户的增长,这就是亚马逊把客户体验作为主要关注点的原因。因此,亚马逊获得的客户越多,其提供的服务就越有价值。第 5 章将进一步探讨这个概念。

1.6　再次将这些战略应用于城堡

考虑企业的成功战略时,请考虑一下城堡和护城河。关于城堡,或者说,您的企业如何赚钱,有三条可以并且应该加以应用的成功战略。

1. 重新思考和重构价值链

退后一步,审视自己所处的行业,找出当今整合和商品化的要点在哪里。画出当前的价值流活动图;尝试将其限制在四个或五个价值流活动以内。注意不要将其构建为供应链。相反，重点关注价值。如果有疑问，请回顾一下咨询服务公司的价值链分析(见图 1.3)。

想象一下，在一个不同的世界里，您的价值链中的整合节点在不断变化。为此，就要把集成功能分解为商品，并考虑这对于您的运营方式和价值主张意味着什么。这种方法的好处在于，为帮助自己更好地理解和管理破坏性威胁，您开始把所在行业的不同分工都考虑在内了。

2. 专注于业务的需求侧

像大多数传统企业一样，您很可能将更多注意力放在推动盈利和业务增长的企业供给侧上。试着将重点放在客户身上，放在客户与您的业务的整合、客户产生的数据和实现的价值上。为此，可采用以下几种方法：

- 确定您与客户之间当前和可能发生的数据交换，以确定数据可在哪里提升价值。第 4 章将详细探讨这个概念。
- 考虑规模的力量，如果有一大批通过数字渠道与您联系的客户，那么可为他们提供什么额外好处或服务？
- 定义在规模优势的帮助下，您可向需求侧的客户提供哪些增值产品及服务。

这种方法为您的业务带来了以下三个主要好处：

(1) 收集有关客户与服务互动的数据，这有助于完善产品和服务。第 4 章将对此做进一步讨论。

(2) 庞大的客户群自然会吸引供给，要么直接吸引，要么间接利用第三方卖家的市场来吸引。

(3) 通过使用替代产品或服务来完善自己的核心产品，从而进一步增加需求。

3. 善用飞轮效应造势

重构价值链后，随着对企业需求侧的更多关注和理解，您已创建了实现商业飞轮的行之有效的设施。在物理学中，飞轮是一种不断由自身转动产生动力的装置。在企业中，飞轮是一种良性循环；通过这种良性循环，您重新调整价值链，以及需求侧和供给侧的规模经济，由此产生更好、更强大的价值，或者说是更大的飞轮。就像汽车的飞轮保持车辆动力输出一样，您的商业飞轮旨在产生越来越多的自由现金流。自由现金流的计算方法是从营业现金流中减去资本支出。由于某些行业的资本密集度更高，应该确保在自己所处的行业内进行广泛比较。自由现金流固有收益与飞轮的其他要素一起形成了天然的竞争优势，同时降低了运营成本，提高了利润率，增强了客户的价值主张。

在后半部分中，我们将展示数字化转型的运营数据、平台和智能系统如何带来变革性机会，用来发挥飞轮效应的优势。但首先要讨论一下如何通过有效防御来巩固您的竞争优势。

1.7 拓宽护城河

传统上，护城河总是环抱城堡四周，保护着城堡。护城河越宽，城堡越易于防守。如果护城河足够宽阔，围城军队很容易受到守军的迎头痛击并溺水而亡。相反，狭窄的护城河提供的防御作用不足；如果围城军队进攻力量强大到足以越过水面，就可攻入城堡。如前所述，城堡是您的核心业务，护城河是企业的竞争优势。护城河越宽，竞争优势就越稳固。

那么，当今数字经济中"固若金汤的护城河"是什么样的呢？要素是什么？这些要素似乎永远在变，但研究表明确实有清晰的方向获得这些要素。数字技术的三种形式是数据、平台和智能系统，它们是决定企业未来竞争优势的要素。这一点已得到验证，并已应用于各个行业和商业模式。到目前为止，还没有发现其不适用的行业。

后面将详细讨论这些要素。重要的是首先要认识到，一些要素已不再属于强大的竞争优势，至少不是单纯依靠这些要素本身。

1.7.1 不再是要素的"护城河特性"

撰写本书时,我们确定了一些成熟战略,这些战略对您构建"护城河"(竞争优势)不再有帮助了。虽然它们是构建数字化业务能力的关键组件,但不得不说,这些战略不再是提供差异化的要素了。

(1) 良好的用户体验。这曾是准入门槛,但现在已经不是了。提供良好的用户体验需要创造力和专业知识。然而,不能仅凭这一点来构筑您的"护城河"。

(2) 依靠规模化和本地化。对于咨询服务行业,特别是在大型法律、会计和审计部门,将服务限制在特定地区是标准实践。但亚马逊、微软和谷歌等公司在云计算方面的投资改变了游戏规则。规模和本地化已成为标配,不再是竞争优势了。

(3) 使用第三方软件。能买到的东西(无论是云服务还是私有化部署),就没那么稀缺了。第三方技术本身并不具备竞争优势,重要的是如何利用它的功能。

(4) 人工智能的初级应用。人工智能归根到底是具有学习能力的软件。正如孩子不断学习并成长一样,AI 也会随着时间的推移不断提高智能水平。孩子能学习,这一事实既没有什么特别也并不持久;真正与众不同且可不断优化的是他们学习什么、如何学习。核心业务也是一样。AI 系统之所以与众不同并给企业带来竞争优势,并不是因为其具有学习能力,而是因为它们所学的内容。

(5) 数字化的供给侧规模经济。规模越大,拥有的运营杠杆也越多,就越能降低成本。软件即服务(SaaS)和云计算服务具有可观的规模经济,这意味着可在保持产品不变的前提下,扩大收入和客户群。也就是说,数字化的供给侧规模经济本身并不能产生竞争优势,因为任何人都可访问相同的云基础设施、工具和分销渠道。

既然已经了解到有些特性不利于构建"护城河",那就该讨论一下那些有利于构建防御功能强大的"护城河"的特性了。我们将首先讨论传统的"护城河",然后讨论数字化转型后的"护城河"。

1.7.2　三种制胜的传统护城河

护城河要提供不会随着时间推移而被轻易复制的、可持续的竞争优势,这一点很重要。一些科技巨头都有深阔的"护城河"。例如,微软、谷歌和脸书都有基于需求侧规模经济、网络效应和平台的竞争优势,第 5 章将更详细地解释这一点。

您需要考虑三种与业务有关的传统护城河。根据所在行业、产品和服务的性质,其中每一种的应用都有所不同。

(1) 专有软件、技术或商业秘密。专有软件或方法是大多数技术公司的起点。商业秘密可包括为了解决棘手的技术问题而引入的新解决方案、新发明、新工艺、新技术,和保护已开发知识产权的专利。随着时间的推移,公司的知识产权可能从特定的工程解决方案演变为积累下来的操作知识或对某个问题或流程的深刻洞见。

(2) 高迁移成本。一旦客户使用您的产品或服务,就要尽可能让他们难以改用竞争对手的产品或服务。可增强产品或服务的不可替代性,将产品或服务与其他产品或服务相耦合,或与关键客户流程的一部分集成在一起,来构建这种用户黏性。其中的任何一种方法都可作为一种锁定形式,使客户难以离开。

(3) 品牌和客户忠诚度。一个强大的品牌相当于一条强大的护城河。随着时间的推移,随着产品或服务与客户之间每一次积极的互动,您的品牌优势会越来越强。同时,品牌尤其容易受到信任危机的影响:如果失去了客户信任,品牌优势可能迅速消失。随着企业遭受网络攻击的风险越来越高,发生信用危机的可能性也更大,而网络攻击几乎可立即让企业陷入瘫痪。

效仿传统的护城河,您还可构建数字化的护城河。这样,我们就又回到飞轮效应概念上来了。

1.8 数字护城河：审视飞轮效应

有效的数字护城河保护着当今最大、最具前瞻性的公司，包括微软、谷歌和脸书。这些大企业之所以成为佼佼者，正是因为它们的主导地位。换句话说，他们正利用技术来促进需求侧规模经济不断壮大。这些已变成数字飞轮。

在本书第 II 部分中，我们将扩展您需要使用的数字工具以便获取数字化转型战略的价值。然而，现在重要的是解构飞轮的组成部分，因为每个要素都增加了数字护城河的深度。请记住，如果每个额外的用户都能为其他用户带来更多价值，那么您的产品或服务就可实现需求侧的规模经济。

需求侧的规模经济及其相关的飞轮不可能一蹴而就。以系统方法建设这个数字护城河分为三个阶段。如前所述，当您将供给侧的规模经济纳入其中时，飞轮会变得越来越大。让我们看看这个过程。在第 1 阶段(参见图 1.4)，您首先要提供差异化的产品或服务，提供出色的客户体验，吸引客户。客户推动了公司的发展，也创造了数据；这样，就可改进产品或服务了。进一步改善用户体验，将能吸引到更多客户并促进公司的整体增长。于是，飞轮开始旋转了。

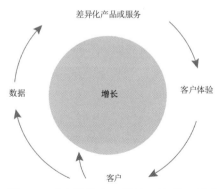

图 1.4　"飞轮效应"增长理论(第 1 阶段)

资料来源：亚马逊绘制，由萨姆•西利(Sam Seely)改编自 Virtuous Cycle

在第 2 阶段(参见图 1.5),所有一切都与加速"旋转"相关。您的公司经过一段时间的发展后,就能投资改善基础设施了。这样做的目的是改善供给侧的规模经济;从而提升客户体验、吸引更多客户并推动增长。

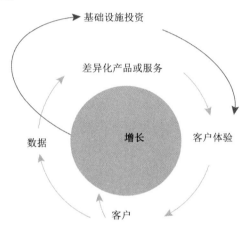

图 1.5 "飞轮"增长理论(第 2 阶段)

在第 3 阶段(见图 1.6),将第三方引入其中。第三方卖家提供的产品可补充和改进您的产品或服务,改善客户体验、吸引更多客户并促进增长。第三方还可增加您收集的数据量,这将进一步帮助改善产品服务。第 5 章将更详细地讨论第三方卖家。

一切就绪后,飞轮就会自我驱动,永不停息地运转下去。这是一只不知疲倦的野兽。苹果和亚马逊都采用了这种模式,是成功的支柱。第 5 章将更详尽地探讨供给侧规模经济这一概念。如果能整合所有或部分非数字类竞争优势,如专有资产、高昂的迁移成本和客户忠诚度,就等于瞬间拥有一条极其宽广的"护城河";这条"护城河"将在未来为您的公司、员工和客户带来巨大价值。产生并维持更多的自由现金流是经济护城河有效运作最明显的标志。平衡所有战略要素并从中获利的关键在于,对所在行业中的各种竞争力量、价值链转型的机会进行彻底调查,同时评估客户对业务的真正需求。

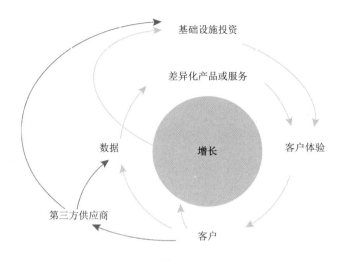

图1.6 "飞轮"增长理论(第3阶段)

1.9 问题

(1) 您的战略中是否将互联网应用分发便利性和新经济的数字化特质考虑在内？

(2) 您已为自己所在的企业和行业设计了价值链吗？当前集成的哪些环节可实行模块化？

(3) 您是否考虑过需求侧规模经济的性质，及其在自己所在的企业和行业中的应用？

(4) 您能否像优步、奈飞和爱彼迎那样，在自己所处行业遇见未来价值链的颠覆性转变？

(5) 您所在企业或行业中的飞轮是什么，它看起来像什么？

(6) 您是否对所在企业的竞争优势充满信心，这些优势是否有说服力？

(7) 您与当前和未来的客户建立了怎样的数字化连接？

(8) 如果您所在行业的信息不对称性降低了，会出现哪些新的业务和机会?

(9) 是什么让您具备了长期稳定的竞争优势,以及通过竞争来求得溢价的能力?

1.10 本章小结

在当今的数字经济中,制定竞争战略至关重要。没有竞争战略,任何技术投资都不会奏效。再想想沃伦•巴菲特(Warren Buffett)的话,"在商业领域,我寻找由牢不可破的护城河保护的经济城堡。"从这两个方面守护并发展您的业务,其中城堡是经济引擎,护城河是竞争优势。

以下三种战略可以且应该用于经济城堡,顺序如下。

(1) 重新考虑价值链中的集成环节或商品化环节。这将有助于您发现和管理所在行业的系统性和结构性风险,也有助于保护业务免受干扰。

(2) 更精准地关注业务的需求侧。这样做的好处是,您将获取关于客户互动和偏好的数据,据此提升自己业务供给侧的吸引力,并可为客户找到自身产品的互补产品或服务来提升用户体验。

(3) 打造飞轮效应(或良性循环)来刺激不断增长的自由现金流。这是一个需要努力实现的宏大目标。这样,您就需要全面考虑对企业中供需双方的经济影响以及支撑经济引擎的各个要素。

请记住以下五个不再提供差异性要素的"护城河特性":
- 良好的用户体验
- 依靠规模化和本地化
- 使用第三方软件
- 人工智能的初级应用
- 数字化的供给侧规模经济

这并不是说这些特性没有价值,而是说它们不足以形成持续的竞争优势,至少单纯依靠它们并不能形成长期有效的竞争优势。然而，您应该考虑将某些带来成功的护城河与竞争优势领域纳入自己的商业战略中，我们已将护城河区分为传统护城河和数字化转型后的护城河。

以下列出与您的竞争优势相关的关键点：
- 让需求侧规模经济在业务防御性方面发挥作用。
- 重新审视不能提供差异化的护城河，并尽可能减少对这些领域的投资。

在第 2 章中，您将学习如何构建自己的业务，让自己在保持当前业务正常运营的同时开启创新之旅。

第 2 章

组 织 阵 型

> 不要去那些有路的地方，要去没有路的地方，留下足迹。
> ——拉尔夫·瓦尔多·爱默生

从商业模式的角度看，组织阵型反映的是公司人员、角色和组织架构情况。组织阵型就是关于组织能力和业务战略的蓝图。如果不改变企业的工作模式，就无法执行新的战略、落实第 1 章总结出的那些改变。如果组织阵型不合理，最终结果就是团队内部角色混乱、成员之间缺乏协调、团队各自为战、产出不稳、决策不利、停滞不前。然而，要面临的最严重问题是发展速度缓慢，因为从根本上讲，传统时代的企业与新经济的快速发展是格格不入的。

我们在组织阵型方面所采用的双引擎方法，将确保您的业务在未来几年内蓬勃发展。双引擎指的是，即便我们未来还要继续服务于当前的客户群体，也要同时构建满足客户未来需求的功能。在本章，您将了解到如何使用双重转型这种成熟战略来优化自己的组织阵型。在此过程中，您还将了解到另外两个关键概念，即引擎 A 和引擎 B。

2.1　核心业务盈利放缓

在新经济环境下，传统时代的企业会发现自己因组织阵型跟不上时代发展而身陷困境。这些企业面临着增长放缓和市场份额下降等问题。随着新的竞争对手向传统模式发起挑战，企业过去用来推动增长的那些战术动作似乎已无法令情况有所好转。

这已不仅是组织阵型的问题了，而要如何通过投资来刺激进一步增长。在过去几十年里，传统时代的企业通过开拓新市场、进行创新以及为现有客户提供更复杂的产品或服务来发展业务。组织越了解客户，就越能更好地满足他们的需求。克莱顿·克里斯坦森将这称为持续创新，这是一个产品或服务变得更快、更便宜或更好的成长过程。第 8 章将介绍有关这方面的更多信息。

问题在于，持续创新并非不断开辟新市场。随着时间的推移，组织通过更有效为客户服务来增加利润。遗憾的是，随着业务的成熟，组织的关注点从客户需求转移到直接收入上，视角也从外部转向内部。设定关键绩效指标的初衷是维持现状，资源的分配就不可避免地从着眼于创新的计划转移到那些只能带来短期效益的活动上。在大多数企业中，决策层和指导委员会的作用通常是为那些不属于正常投资范畴的议案给出合理借口。假如决策者们和委员会受限于相同的度量标准和思维方式，他们要么会过于保守，要么因为需要过度协商而维持现状，放慢决策速度。当出现交付时间表和投资回报时间超出年度利润周期的情况时，这个问题会更严重。

如果事态恶化的速度十分缓慢，以至于可在外部力量(如新技术、竞争中的微小变化，甚至是经济衰退)尚未造成任何严重后果前及时做出反应，这种方法是有效的。但在数字化新经济的变革浪潮中，这不可能实现，因为我们现在面对的是一系列基于新技术的全新运营模式的爆炸式变革。即使将数十亿美元投资于旧的增长模式、基础设施、劳动力和知识产权，也会错失新机遇。

当然，刚开始时形势恶化速度并不那么快。柯达就是一个非常著名的例子。柯达在胶片相机领域一直处于领先地位，一直被业界看成一家富有创新精神的公司。实际上，柯达早在1985年就开创性地发明了数码相机。然而，由于电影、化工和造纸业务的固步自封、安于现状，柯达未能采纳新技术。该公司在技术领域取得的任何进展，通常都与其电影业务处于同一主航道，或者干脆被那些视数字化为敌人而非机遇的领导人视而不见。1996年，就在数码相机革命爆发之前，柯达的收入达到160亿美元的顶峰；2012年，该公司申请破产。造成这种灾难性断崖式失败的原因是柯达对变革的恐惧及其为保持现状所做的徒劳尝试。

面对变革，克服这种抗拒的唯一方法是对组织架构进行全面改革，这对任何大型企业来说都是一项复杂却代价高昂的任务。面向新市场的创新机制必须精益、敏捷且极富响应力。没有确定性成果，大公司的管理层是不愿意采取行动的。可悲的是，历史表明，真相只有一个，那就是您所在的组织维持现状的时间越长，生存下去的概率就越低。要求精益、敏捷、响应力的业务，本质上就是要拥抱风险的；而领导者要做的是降低风险。那么，基于当前运营模式的实际情况，如何才能实现平稳转型呢？

2.2 彻底的战略转型

"战略转型"一词表示从一种战略迅速转向另一种战略，这往往涉及改变企业的初始战略、目标市场以及定价。大多数传统时代的企业并不愿意转型甚至不知道如何转型，这是因为他们一直专注于持续创新，而这在过去是一种再合适不过的方式了。

战略转型主要涉及风险和回报。决策者必须认识到，继续保持现状将降低长期成功的可能性。当一家初创企业开始战略转型时，实际上就要放弃与过去战略和方法有关的一切，而朝着新方向发展。对于初创企业而言，这样做是可行的，因为初创企业不会有太多历史包袱，而且同时实施这两种策略将是一种代价高昂的决策，还可能让潜在客户感到困惑。但对一个成熟的企业来说，这种转型就需要做更深入的考虑，因为数百万(甚至数十亿)美元的收入和成千上万个工作岗位都可能受到威胁。

那么，现有企业的问题在于：我们要如何进行战略转型？从中期来看，成功的转型意味着改变所提供的产品或服务的本质，以满足新需求和时尚潮流，而在短期内还要继续使用现有的资源和投资。这就像在变魔术，包括引入数字化技术对现有的经济引擎进行优化，以便尽可能从中赚取利润(我们称之为"引擎 A")，同时构建新的经济增长引擎以满足新的需求("引擎B")。

创新顾问斯科特·安东尼称之为双重转型。区分引擎A和引擎B非常重要，因为在面对数千名员工、潜在客户和遗留系统时，一体化转型是一项异常艰巨的任务。这种"一分为二"的方法有其自身的挑战和复杂性，但能帮助您创建与数字化转型匹配的组织阵型。下面将详细讨论引擎A和引擎B的组成。

2.3 引擎A

引擎A指当前的经济引擎。引擎A的改进目标是尽量延长寿命，因此必须找到更高效的方法来满足客户的需求。所有市场中的需求、期望和趋势都发生着变化；因此，如果想让自己的核心业务生存下去，就必须做出适当改变。这听起来很简单，但执行起来却十分棘手，市面上失败的案例比比皆是。

为确保所做的任何改变都能取得圆满成功，这段旅程的第一步是要了解现在的客户为您的产品或服务付费的原因。这将有助于您确定自己的核心竞争力是什么以及需要关注哪些方面才能确保引擎A的寿命。

如果要从竞争对手那里夺取市场份额来实现进一步增长，就需要去真正了解客户的需求和他们的体验。要了解客户，就需要花时间与他们交谈，通过问卷调查、针对性访谈和社群营销等形式或通过观察他们与产品的互动方式来分析他们的体验。关键是要通过和他们一起工作来发现他们的痛点和渴望。进行这项研究时，需要让客户感觉到一起工作对双方都有利。如果他们认为自己与您是伙伴，会更愿意帮助您，并为您提供一些难以洞察的独到见解。数据分析将在进一步了解客户方面发挥不可或缺的作用，第 4 章将对数据分析进行进一步的讨论。这类客户研究对引擎 B 来说也至关重要，因此不应轻视。

客户的数据收集应该是主要的关注点，但应注意一点：要同时收集定性和定量数据。集中处理数据也将确保您能最大限度地理解信息，同时能提供完整的客户画像。反之，分散的数据存储会导致数据丢失或遗忘，这样的管理实践通常都缺乏一致性，某些情况下甚至根本没有进行管理。第 4 章将详细讨论如何设置和管理安全数据。最后，与自己的员工谈谈。他们比任何人都更了解市场和客户。在拓展客户时，不要做任何假设，因为偏见会极大地影响您的判断。

接下来，削减所有与提供给当前客户的价值无关的内容。要评估产品或服务是否与客户和经济引擎相关，有一个好方法，那就是进行简单的投资回报(ROI)分析。对那些直接影响基础业务的活动进行分类定级很容易，间接效益则很难进行量化。但这并不意味着，那些了解您的商业模式的人不能对您的整体价值进行排名。在评估价值时，要记得确保客观性，不能带有先入为主和主观偏好的成分。也许有必要请一位顾问帮着做这个训练。通过对组织内的所有计划进行全面的投资回报率分析和排名分析，会发现许多计划对引擎 A 的成功没有帮助，因此这类项目都只是白白烧钱却赚不到钱。

首先，要从对核心产品无关紧要的新计划以及已经绑定在主要产品或服务上的新产品或服务开始着手。他们为客户提供的价值是否值得投资？如果不值得投资，就要终止。这个过程可能十分困难，因为不同的人会有不同的计划和偏见；这就意味着，需要有强有力的领导才能从客观的角度叫停那些毫无价值的项目。

实际上，这些新项目中有很多在本质上可能都是数字化的。在这样的情况下，就得好好想想，这些数字化项目是否彼此孤立且各自为战？通常，分散的数字化项目都受困于资金不足，没有中规中矩的发展路线图，还用着过时的技术。因此，集中管理对于有效地开发和管理自己的数字功能变得至关重要，并可显著降低成本。

还要查找瓶颈和检查点、重复性工作以及高度手动和重复性的过程。重要的是要记住，引擎 A 转型的过程要在确保精益的同时，客户体验不会受到负面影响。其中，整合是关键，俗称瘦身。

为此，首先要在白板上绘制流程现状，包括所有内部活动和客户接触点，细节越多越好。这可能花费一些时间，却是个极具价值的过程，有助于了解组织的所有方面、识别内部的各个低效环节和瓶颈。让所有部门的人都参与进来，这样就可在机构内部创建真正详尽的端到端工作流。您会对所发现的一切感到惊讶。这里，您能找到降低成本的机会以及需要投资的领域，继而在此过程中通过设计愿景，并制定系统性的路线图来实现它。

现在您可能会问自己，为确保引擎 A 的寿命，必须完成一些工作，其间是否需要继续对数字功能和技术进行进一步投资？简而言之，答案是肯定的；只是有个前提：若能降低总体支出才有必要这样做。从历史经验看，采用过时的运维模型和技术会让企业 IT 团队的成本非常高，因此，仍然采用旧有的模型和技术来帮助优化引擎 A 会非常昂贵。可行的替代方案是组建一个数字团队，该团队使用敏捷运维模型和云计算技术，并与业务部门开展密切合作，以期通过开发和实施基于云的解决方案来帮助降低成本。这样的团队不需要很大，因为他们自身不需要内部基础设施。如前所述，一定要对这些数字化项目实施集中化管理，以确保这些项目都能做到管理最优化，确保数据能集中存储且易于访问。

无论通过任何方式来优化引擎 A，都要始终问自己这样一个问题：结果是否会比当前更合算、同时不会对自己主要客户的价值产生负面影响？

一旦开始采取措施来优化引擎 A，释放自由现金流，就应该开始考虑自己的引擎 B。

2.4 引擎 B

引擎 B 与开辟新收入流有关。为此,您需要组建一个团队,开辟新的增长领域,而这些新增长领域最终会成为新的经济主引擎。

引擎 B 团队的基本目标是重新定义在特定市场中开展业务、扩充品类的方式。团队需要将视角转向真正以客户和数据为中心。如第 1 章所述,引擎 B 负责使飞轮尽快旋转,先发优势的关键是锁定天使客户。

为此,需要有一个具有商业思维的数字原生团队。团队中有许多来自组织外部的人,这一点至关重要,因为他们不会为公司的旧习惯和思维过程所累。也就是说,重要的是借鉴传统业务的专业知识,来帮助确保大家目标一致。还有一种选择,就是收购一家有可能利用您的资产或能力在市场领域进行创新的初创公司或小型企业。

引擎 B 将专注于数据、软件和客户。引擎 B 应该在引擎 A 转型的同时进行,但这个新团队绝不应该受到旧业务模式的束缚。新团队必须具有完全自主权,才能创建新的商业模式。这个新团队还必须采取数据驱动的方法;这意味着,管理层必须确保,即便是那些为传统业务优化过的习惯、思维和流程,也不会给团队带来负担。

在本节余下的部分,我们要探讨一下用来确保引擎 B 成功的四个关键方法。

2.4.1 赋能引擎 B 团队

引擎 B 团队应该是独立的。但不让该团队利用核心业务的功能、IP 和资源则是愚蠢的决定。这涉及确定利用哪些资源来获取竞争优势和开辟新的收入来源。然后,就变得有点儿像在引擎 A 和引擎 B 之间找平衡了,这种平衡一定要对引擎 B 有利。领导者必须确保自己的引擎 B 团队具有极强的独立性。例如,与组织内的其他部门共享人力资源,就会形成令人尴尬的依赖关系:因为一个原本专注于未来增长的团队，现在由于共享资源的缘故，就与遗留业务耦合在一起。这类依赖关系会扼杀团队驱动力，而这股驱动力对这个新团队的成功至关重要。因此，如果新旧业务之间出现资源冲突，那么新引擎具有优先权就至关重要了。随着新团队的工作开始得到验证和扩张，就需要将足够资源从旧业务转移到新业务上了，以使新业务能继续增长。记住，引擎 B 的目的是最终成为最主要的经济引擎；所以，一定要给它提供足够的燃料使其快速启动。

虽然引擎 A 转型重点在于降低成本和优化运营，但绝不应该影响引擎 B 的团队。同时对这两个各不相干的引擎进行管理有一个比较棘手的问题，就是要确保两者有共同的使命愿景，尽管两者的运作方式可能截然不同。这一点非常重要，因为如果没有共同的使命愿景驱动，旧业务和新团队之间就会产生巨大分歧，使得引擎 B 和任何其他变革项目都无法奏效。一定不能允许滋生"一山不容二虎"这种心态，同时要确保引擎 B 持有优先权。为做到二者兼顾，管理层必须优化管理架构。也就是说，这两个不同部门由适当的人员来领导：一个是引擎 A 数字化方面的转型专家，另一个是为引擎 B 寻找新机会、精于风险管理的承担者。这两位领导人要分别专注于两种截然不同的目标，但必须能与组织内的其他高管齐心协力、抱持共同愿景并共用一个路线图。

就内部来说，引擎 B 团队将在朝着美丽新世界的冲刺中发挥引领作用。没有了羁绊和束缚，他们可自由拥抱数字化的到来了。也就是说，可利用云计算，使用敏捷工作模式，同时完全放弃昂贵的 IT 基础设施。这种情况下，关键是确保团队可自由大胆地假设、小心验证并容忍失败。他们应该去做不同的尝试并加以验证。并非所有项目都一定会成功，但学习机会却丰富很多。他们所做的每个决定都需要经过评估，但也必须容忍不确定性。通过早期的成功，团队将从组织的其他部门获得支持，确保动力源源不断。尽管不断获得成功，但团队必须保持小而美，确保在不断学习过程中具备精益转型的能力。通过吸取经验教训，引擎 B 团队将能识别出他们缺少的资源和技能；这将有助于他们定义和规划实现目标所需的能力。

同时，这些经验教训也应该反馈到核心业务中以确保这两个引擎能协同工作。重要的是要记住：这个新团队必须形成一种能拥抱挑战和初创心态的文化，还要以极高的水平运营和执行，并取得卓越成果。

2.4.2 引擎 B 以软件为核心

软件正在改变业务的运营方式以及客户的价值观。在尚未进入数字时代前，任何市场中都有太多机会在等着数字化的实现。引擎 B 的转型一定是彻底的，在新老竞争中需要极大地降低成本的情况尤其如此；这样一来，市场上的价值就被重新定义了。为应对利润率的不断下降，需要弄清如何才能在成本大幅降低的前提下，向更多客户交付价值，同时通过实施新的数字运营模式来更好地满足他们的需求。这也包括寻求当前市场之外的新机会，利用创新解决方案提供全新价值形式。要做到这一点，需要重新考虑业务的运营模式和战略，其中开发软件就是一项重要内容。引擎 A 完全是为了优化现有方案，但引擎 B 不受任何遗留问题的限制；因此，可随心所欲地将重点放在现有和潜在客户的新价值形式(不仅是金钱价值)上。

软件可让业务以指数级增长，因为数字化分销实际上是免费且无处不在的。不管一个推销员有多棒，同一时间也只能服务一定数量的客户；但软件就不存在这样的限制。决定销售规模的仅是产品的营销方式，以及市场对所销售产品的接受度。此外，有了云计算就能确保只需要一次点击，就可在全球几乎任何地方部署和访问软件。当开始将人工智能引入混合系统时(关于人工智能的更多信息，参见第 6 章)，软件就开始自学并在不需要人工干预的情况下做出关键决策。

软件催生了"某某即服务"(as-a-service)模式；有了这种模式，客户就能在不必直接购买的前提下，获得使用权。例如，对于 Microsoft Office 365 和 Adobe Creative Cloud 这两种基于云的软件解决方案，客户可通过订阅来付费。类似地，组织也可采用"某某即服务"模式；两者间的不同之处在于：客户除了按实际使用量付费外，还需要按月支付订阅费。这种模式的卓越之处在于创造了客户锁定能力，同时能确保客户为自己所用的产品支付费用。

引擎 B 需要有新的运营模型。衡量是否彻底改变了运营模式有一个很好的指标，那就是分析用来衡量成功的标准是否有变化。例如，在服务行业中，许多重复性环节可通过使用 Microsoft Excel 来实现自动化。与客户一起体验该软件，就可改变产生费用收入的方式，从基于人工的按小时计费，改为基于自动化功能包按年度订阅收取费用。这种方法的好处是，可实时度量客户登录、页面查看和每个页面花费的时间等信息。这类信息提供了有关客户如何与产品互动和他们喜欢什么之类的内容；当然，还提供了他们不喜欢什么方面的直接反馈，如此一来，就能即刻响应和优化。

从本质上讲，软件的应用让创建全新的商业模型、大规模交付定制和创新的解决方案、更好地管理客户关系和获取新的客户关系成为可能。当组织采用基于软件的新解决方案时，现有部门需要赋能并在过渡到引擎 B 计划时提升能力；知识不仅得以保留还得到改进。因此，引擎 B 交付团队需要的不仅是技术专家，还必须有很强的业务技能和知识，来支持和实现与这些基于软件的新解决方案相关的业务和战略转型。

2.4.3 数据驱动思维的重要性

一旦开始创建一个基于软件产品和解决方案的数字生态系统，就要开始积累大量数据。数据对于推动引擎 B 至关重要；而且如前所述，数据也将在引擎 A 的转型中发挥重要作用。我们将在第 4 章更详细地讨论数据。在这个阶段需要了解到，如果想要保持竞争优势，必须有效地利用数据来洞察运营模式、客户和更广泛的市场。

前数字时代的企业需要在确保数据被获取和使用的前提下开始运作。创建存储、管理和保护数据的流程和服务也都需要花费时间和金钱。那些可被组织内的任何团队访问和使用的数据科学和业务智能工具，都需要以数据为基础，来提供洞察力并帮助制定战略。数据需要能在团队之间自由流动，团队需要在数据使用方式和数据决策方面进行协作。所积累的知识应易于访问。在整个组织内，制定数据管理标准和流程的最佳实践至关重要；同时要确保这些标准和流程足够灵活，以便进行创造性的数据挖掘。

引擎 B 团队的结构必须能保证他们在数据实时性和可用性方面做出关键决策。数据作为企业飞速发展的助推剂至关重要，将成为数字护城河的重要组成部分。稍后将详细介绍数据和决策。

2.4.4 与客户一起拓展需求侧规模

云计算和互联网已完全打乱了产品和服务的分发方式，竞争对手接触您的客户，以及客户从您的竞争对手那里购买商品，从来都没有像现在这么容易。因此，现在是最关键的时刻，将精力集中在通过引擎 B 驱动终端客户的增长上来。如果您正在向企业提供服务(B2B)，那您不仅要关注自己的客户，还要关注所服务企业的终端客户(B2B2C)。这听起来似乎是显而易见的，但我们已经看到许多组织执着于自己的服务边界，并没有做到将客户放在第一位，也没有建立牢固、持久的终端客户关系，并以此推动长期的成功。

那么这对于引擎 B 的架构意味着什么呢？与其专注于单个产品，不如专注于客户与您互动时的体验。团队需要研究和设计每个用户触点，以及之间的联系。这样做的目的在于同时在线上和线下建立可行的目标用户故事地图。引擎 B 不是用来改进现在的做法，而用来以最佳方式满足客户(无论是当前客户还是市场中的潜在客户)的需求；在此过程中，开辟新的收入流。因为构建引擎 B 要尽量减少对遗留系统的依赖，所以可从零开始直接为客户开展全新设计。因此，需要将技术视为一种赋能手段而非约束。大胆地问这样一个问题：如果我能做些事情来满足客户的需求，那会是什么？在回答该问题时，不要只从当前市场中寻找线索；看看那些与客户积极互动的以客户为中心的创新组织和社群吧。但不要只看那些显而易见的线索，如亚马逊和谷歌这样的科技巨头；深入挖掘、分析新兴市场中那些蓬勃发展的中小企业。您不仅可从中得到灵感，还可找到新的市场机会甚至是可能的合作伙伴。

一旦有了最佳的客户体验，就要设计基础设施来支持它。在数字时代，这意味着技术、人力和物质资源的结合。传统上，线上和线下被视为截然不同的领域；也就是说，数字渠道是作为独立项目建立的。这种已经过时的观点实际上对组织是有害的。数字技术和实体基础设施需要综合起来考虑，因为将它们分开会导致极度脱节的体验，这在数字时代是致命的。新成员对于确保组织保持创造性和维持重要关系至关重要。因此，在设计基础设施以支持所开发的最佳客户体验时，一定要摒弃维护独立技术和业务部门的过时观点、转而专注于创建以客户为中心的全功能团队；这样，才能尽可能提供最佳体验。所有设计都要以满足最佳客户体验为宗旨。

2.5　问题

(1) 如果重新开始，您会保留当前业务中的多少流程和架构？

(2) 您在可能为引擎 B 所取代的系统和流程上投入多少资金？

(3) 在没有引擎 B 和新的战略的情况下，您的业务在新经济中能生存多久？

(4) 引擎 A 和引擎 B 的共同业务目标是什么？

(5) 您了解引擎 A 需要关注的焦点问题吗？

(6) 引擎 B 使用什么不同的度量指标？

(7) 您的核心增长引擎是否错过了机会？如果错过了机会，您的障碍是什么？是必然的，还是过时的官僚主义的阻碍？

(8) 客户想要什么？如果您是白手起家，会如何向他们提供服务？

(9) 从经济角度看，我们期望在几个月内用引擎 B 取代引擎 A？

2.6　本章小结

企业需要新的组织阵型和更好的执行方式。实施第 1 章中描述的成功战略至关重要。与此同时，必须维持当前业务的稳定运行和产生现金流的潜力。如果想要企业保持发展，需要同时具备两个引擎，即引擎 A 和引擎 B，总比只有一个好。

管理两个团队的资源需求，并让每个人都专注于大家共同的目标，这是一个挑战。引擎 A 即将退役，所以引擎 B 的速度和目标至关重要。图 2.1 总结了引擎 A 和引擎 B 的关键属性以及它们之间的关系。

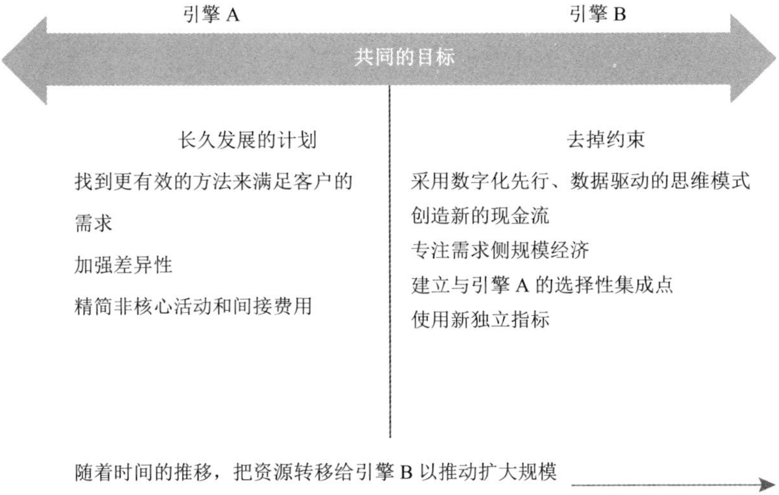

```
        引擎 A                          引擎 B
    ←――――――――――――共同的目标――――――――――――→

   长久发展的计划              去掉约束
   找到更有效的方法来满足客户的  采用数字化先行、数据驱动的思维模式
   需求                        创造新的现金流
   加强差异性                  专注需求侧规模经济
   精简非核心活动和间接费用     建立与引擎 A 的选择性集成点
                               使用新独立指标


   随着时间的推移，把资源转移给引擎 B 以推动扩大规模 ――――→
```

图 2.1　引擎 A 和 B

关于引擎 B，需要关注四个关键领域。

(1) 支持和授权引擎 B 团队。虽然引擎 B 团队应该拥有完全的自治权，但也应该利用核心业务的功能、IP 和资源。记住，您的目标是最终让引擎 B 成为主要的经济引擎，所以一定要确保给它有足够的燃料使其快速启动。

(2) 软件将是客户价值和交付模式的核心。软件可让业务呈指数级增长，让人们专注于客户关系之类的高价值活动。

(3) 数据驱动的领导力思维是关键。数据能帮助推动运营绩效和创造新的现金流，二者都至关重要。先考虑数据能力，然后考虑其他事情。

(4) 从业务的需求侧着手。在第 1 章中，我们解释了关注需求侧的经济规模的原因。在本章中，我们在引擎 B 的背景下再次讨论这些内容。

在第 3 章中您将发现：只有对公司文化做出根本改变，才能应对外部力量的干扰。

第 3 章

文　化

> 渴望永续成功必须与时俱进。
> ——尼科洛·马基雅维利

随着公司不断发展壮大，团队和业务部门之间会出现部门墙。这是企业发展到一定阶段的必然现象，人类学家罗宾·邓巴(Robin Dunbar)甚至根据这种必然性发展出相关理论。他提出，一个人的有效社交关系人数上限为150人。在工作环境中，这便是能有效合作人数的自然阈值。因此，一个上千人的公司在运营过程中，当团队相互之间的竞争取代了合作时，形成"仓筒"效应和信任危机就不足为奇了。然而，有些公司却扭转了这种局面，尽管员工有差异、人员的结构及规模也各不相同，还是能将他们团结起来。一起看看这几家公司：强生、迪士尼、亚马逊和谷歌。这些公司是如何形成企业的凝聚力并提高生产效率的？更重要的是，建立一个数字化业务时，需要关注伟大企业文化的哪些方面呢？

建立企业文化的方式，与建立宗教或民主的方式并无差异。企业创立之初建立行为准则，随着时间推移，通过领导力以及吸引志同道合的人来不断进行强化，并最终内化成企业普遍认可的"信条"。这些信条驱动绩效、首要目标，帮助员工在无人指导和监督的情况下作出无数次日常决策。凯捷管理顾问公司近期的一项调查发现，62%的调查对象将企业文化视为其数字化转型中的第一大障碍。第 1 章提到了数字化转型的敏捷转型要求，第 2 章讲述了对组织阵型的反思，而这些能否成功实施都取决于企业文化的本质及其影响力。在本章中，将帮助您判断公司现有的文化是否会阻碍数字化转型。此外，会介绍数字化企业文化的五大基石，以及建立起一支成熟数字化团队的六种方式。

3.1　您的企业文化是否阻碍数字化转型

如果您知道并了解自己的现状，又愿意花时间来明确支持企业数字化转型所需做出的改变，创建期望的企业文化就相对容易。图 3.1 显示的竞值框架(Competing Values Framework)是一个应用广泛的模型，有助于实现这一目标。20 世纪 80 年代，基于对超过 1000 家企业的实验性研究分析，金·卡梅隆(Kim Cameron)和罗伯特·奎恩(Robert Quinn)发现了支撑组织效能的两个主要维度：

- 企业关注焦点是内部整合还是外部差异化？
- 企业的组织阵型更偏好稳定与控制还是变革与弹性？

这些维度代表了企业的竞争价值，并利用横竖坐标轴分隔出四种代表不同企业文化的象限，它们分别具备各自独特的特征。经过评估后，随着时间发展企业，自然会形成一个最主导的文化类型，作为一个概括性纲领，通常会综合所有四个象限内的特质。随着企业自身的成熟度或所面临的外部压力发生变化，企业文化的内涵也会随着时间而相应改变。文化无所谓"好坏"，组织内部所有类型的员工都可找到一席之地。关键是要确保公司整体的文化氛围在竞争环境中可帮助组织实现所期望的成果，并在环境发生变化时做出响应。

第 3 章 文 化

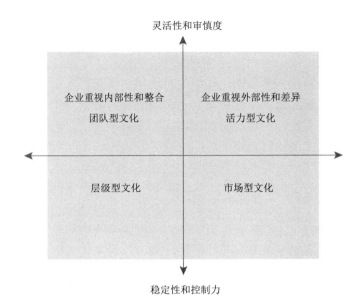

图 3.1 卡梅隆和奎恩的竞值框架

这个模型通常用来衡量企业的现状与未来期望状态之间的差距,以便为重大变革或转型做好准备。

39

卡梅隆和奎恩总结出，一个成功的企业会灵活运用这四种文化类型来应对激烈的竞争环境。仅仅是对两位提出的理论模型有简单的了解，也可提高人们对企业文化变革的认知。这个认知也许是企业从现状转变为拥抱数字化转型的思维模式的重要支撑。如稍后所述，向数字化文化转型通常需要更多地强调与灵活决策和团队型文化关联更密切的行为和价值观。市场的发展速度、自组织和团队自治的转变都促使团队在更短时间内进行创新，研发新品并持续关注客户需求，这极大地推动了数字化企业文化的转型。

而在另一个极端情况下，除非人为介入，以稳定性和控制力为主导的层级型文化更偏向于保护盈利，高度依赖过程驱动以及高层的决策，这将成为数字化转型的障碍。根据卡梅隆和奎恩的理论，层级型企业文化是最难转变的一种，因为这种文化惯性就如同地心引力一般，使企业的组织阵型和流程在发展过程中日趋僵化，进而使得整个企业环境缺乏弹性，更注重企业内部的行为。

3.2 数字化企业的文化基石

我们相信，以下五个原则将对建立一个数字化的企业文化起到决定性作用。它们与企业变革时需要考虑的其他结构性问题都有内在的联系。

3.2.1 信息流通

信息和数据需要在企业内部、以及企业与客户之间自由流通。数据、新发现以及最佳实践必须易于共享，这样团队才能齐心协力找到最佳解决方案。在部门与客户之间，信息同样需要自由流通，这样才能保证企业是以客户为导向的。在第 4 章，我们将更详细地讲解如何提高企业内部数据的流通性。

3.2.2 关注客户

如果还不了解客户的需求是什么,那么现在您可收拾东西走人了。即使客户尚不知道自己的需求是什么,也要首先区分客户的需求和期望,然后设法满足他们的需求。正如汽车大王亨利·福特说的那样:"如果我问客户们想要什么,他们会说要一匹跑得更快的马"。有关了解客户需求的详细内容,请参阅第 2 章建立引擎 A(现有的经济驱动力)的内容。如果能满足客户期望并提供非凡的用户体验,这些客户就会成为回头客。记住,客户的期望值会随着时间的流逝而改变。

3.2.3 敏捷性

随着数字化经济的迅猛发展,您的团队需要具备响应这种变化的能力。先发优势在信息化时代是至关重要的,因为它会让您在竞争行列中捷足先登。快人一步才能确保企业持续保持领先地位。冗长的决策过程必须简化,员工面对变化时也需要更灵活。引擎 B 小组(详见第 2 章)将成为新趋势和新步伐的引领者。

3.2.4 好奇心

创造一种不断寻找新机遇的文化氛围,在这里,失败并不会被视为禁忌。只有经历失败,才能真正学有所获。即便可能需要自我颠覆,但愿意为新想法承担风险的企业才会在数字经济中蓬勃发展。在第 7 章,我们将展示如何将创新融入公司的长期战略,以求得更多投资和发展机会。

3.2.5 员工经验和参与

一个积极向上的数字化企业文化会给予员工挑战的空间、学习新事物的机会以及自主决策的自由。敬业度高的团队才是生产效率最高的团队。近期的一项研究表明,一个团队中只有 33%的员工高度敬业。积极调动员工的积极性可创造竞争优势；而员工投入与否关键在于员工是否对企业建立认同感，以及他们是否认为自己的工作和个人能力受到重视。通过激发目标，将"为什么"工作列入企业愿景来确保绩效指标可衡量，定期进行培训和奖励，提供个人成长所需的工具、环境和自主权，可有效激励员工，提高敬业度。

3.3　建立成熟的数字化团队

一个高度成熟的数字化系统是构成数字化文化的基础。这看起来显而易见，但若缺少成熟的数字化系统，所有事情都会停滞不前。张贴励志海报和喊口号或许会给人们一种企业正在向数字化转型的印象。但实际上，这些举措非但不能动摇企业的基础设施，还会让人们对于亟待进行数字化转型的意义和理由产生怀疑和困惑。数字化成熟度既是一种思维方式，也是一种技能。当您具备系统化的领导力方案、行为和流程的变革计划，以及一些值得认可的成就时，再开始行动吧。

成熟的数字化团队明白，他们现在必须做的与以往所做的大不一样。同时，与将要做的也有所不同。我们将明确告诉您建立一支成熟的数字化团队所需的六个关键步骤。

3.3.1　从看得见的领导力开始

如果没有一个自上而下定义、支持和塑造的成熟数字文化，企业将无法驾驭不断变化的改革浪潮，无法掌控数字化前的传统管理方法所带来的混乱，尤其是企业之前的文化缺乏弹性，又以流程驱动的情况下。数字化成熟度仅靠几个职能部门的人是无法实现的，必须由首席执行官和高管团队来领导。这要求转变领导者扮演的传统角色，且需要吸收新人才。在前数字化时代经历多年打拼一路晋升才取得如今成就的那些人很难接受这点。凯捷管理顾问公司所做

第3章 文 化

的调查支持了这一观点，认为数字化转型的努力会遭遇失败，关键在于领导者未能意识到企业文化变革的迫切程度。如果置之不理，将导致领导者和员工之间的关系破坏性地脱节，进一步破坏企业数字化文化和行为所取得的成果。

要培养员工的敬业与协作精神，定义和宣传那些能支持数字文化的价值观是至关重要的。领导层必须全情投入，全力支持。然而，变革需要转化为有形的业务成果，这可通过改变流程，制定关键绩效指标以及奖励和认可正确行为的机制来实现。例如，如果绩效考核指标与团队合作理念相矛盾和/或阻碍团队合作，那么引入注重协作的文化变革就没有任何意义。

初创企业和技术社区通常在创业伊始就制定企业文化准则，以确立并推行理想的价值观和行为。无论如何，都要认识到公司文化会不断发展，这些准则以无形却明确的方式为公司建立理想的工作模式，相当于作为竞值框架文化评估中的部分标准来确定企业未来的愿景。这些文化准则的表达都简单明了，却富有激情。例如，HubSpot 公司的口号是："我们疯狂地为我们的任务和指标努力。"而奈飞公司的口号是："情景管理而非控制；认同一致，松散耦合。"文化准则进一步诠释了企业的使命或价值观，拓展了使命或价值观对于员工行为、决策制定、工作优先级确定以及员工成功的指导意义。因为这些准则是在数字化企业中开发，企业可借鉴其中隐含的工作方式，并应用到自身变革中。幸运的是，鉴于此准则有助于吸引人才，大型科技公司更倾向于免费分享和公布自己的文化准则。

将数字化企业的文化准则与企业的使命、价值观的表述进行比较，管理团队要投入时间做出必要的改变，使之与企业的数字化愿景保持一致。这需要深刻的自我反省和讨论。奈飞早期公布的一版文化准则反映了安然公司所倡导的"诚信、沟通、尊重、卓越"价值观。尽管令人敬佩，但与其奖励员工及评价行为的实际标准不符。通俗易懂的文化准则更易于接受和传播。然而，领导团队对于文化准则的重视，进行强化的决策，以及嘉奖数字化企业的代表人物，才是推动变革的最大持久动力。

3.3.2 打破仓筒

迷你帝国是文化变革进程中最大的杀手。帝国创造了边界，而边界则造成仓筒，阻碍信息在团队之间畅游，导致团队的目标和愿景无法保持一致。这些边界亟待打破，团队之间的合作需要成为新的准则。简言之，最佳实践和能力需要被所有人共享。

打破仓筒的方法之一是，定义以核心客户驱动的行为，来支持价值链。举个简单例子，设想公司的客户服务支持生产和销售实物产品。销售团队、联络中心、会计团队、市场团队和运输团队的所有人都会与客户打交道。其中某些步骤甚至还会由第三方处理。也许还有一个客户关系管理系统(CRM)能随时跟踪与客户互动的情况。现在想一想，这些活动在整个企业中的交付方式和地点。是否所有参与提供服务支持的人都是对等连接的，以确保整个价值链中的沟通、信息共享和最佳服务？通常情况下，员工甚至不认识自己职能或职责范围之外的其他人，也不清楚自己的权限。这会导致企业在与客户互动过程中产生不必要的重复工作和信息不一致情形。将这些人也纳入价值链中来。围绕着客户需求将他们都联合起来，通过共享的工作空间、虚拟的协作空间或共同目标来推动信息在他们之间流通。这会削弱职能化的仓筒，加强更广泛的团队合作以及端到端的客户输出。跨功能的组队方式将提高企业的灵活性，共享构思，消除瓶颈。最重要的是，这将在整个企业内建立信任来推动企业更快发展。

3.3.3 教育

有时抵制变革仅是因为对此缺乏了解。谈到数字化的意义，人们会点头微笑，但这并不表明他们真正听懂了。非数字原生代的那些人可以学习。实际上，将自己沉浸在这个话题中，并将这个外来概念引入自我认知领域的那些人，会在企业的数字化转型过程中扮演至关重要的角色。因为他们不仅真正了解企业的来龙去脉，也了解数字化对于业务的影响。最重要的是，他们有能力在变革中生存下来，由此形成一股强大力量，帮助企业穿越变革迷雾，取得节节胜利。

因此，对于任何企业而言，在员工中推动数字化思维的关键就在于教育、培训和行动。鼓励开放性思维。获取知识不再是那些有能力的人的专利，学习机会无处不在，不必只着眼于公司内部。一个结合移动式学习、灌水论坛、演讲活动，鼓励尝试并将数字化原则应用于日常工作中的应用程序，将极大地帮助员工不断自我学习。在技能提升方面，请将数字化能力添加到技能框架中，并评估组织的数字化成熟度。也许最后会发现领导层和高级管理层的差距最大，这点要有心理准备。记住，在一个不断变化的环境中，好奇心和对学习的渴望是最重要的品质。

回顾一下上面提到的竞值框架。如果企业正从一个注重内部性的企业文化转变过来，那么在中短期内，重新引导团队去关注客户比遵守内部准则更重要。建立客户关系不仅是销售团队的责任。如果整个公司的客户体验策略基于客户最佳体验原则，则应当强调客户在整个业务过程中与企业的接触点以及关键节点(也被称为用户旅程)。如果希望团队从过程导向转变为客户导向，制定一个用户体验策略将有助于企业正确看待所有事情，并能更关注与客户相关的投资和优先事项。要建立起这样的客户策略，日常的反馈循环机制非常重要，这样才能保证团队直接与客户共事。很多情况下，这也许意味着企业需要建立新角色，集中精力更快地为客户提供更多价值，并为客户和团队之间建立互动和沟通渠道。

3.3.4 分布式决策

在企业中，决策制定是否被等级制文化所束缚？等级制文化的副产品就是高层领导们热衷于开会。由于无法得到决策者授权而推迟一项决策，会扼杀组织的敏捷性，也进一步证实企业更看重的是流程而非客户。要建立一个成功的数字化文化，关键在于将决策权分散化，要保证那些贴近客户和数据的人能独立自主地做决定，而不必拘泥于严格的流程。给予员工做决定的权力和信任，将把企业解放出来，有利于企业更快发展，面对变化可迅速做出反应。随着时间的推移，授权行为将因为团队自己掌控项目和产出而持续下去，也会推动他们给客户提供更多价值。

作为一个管理者，您会发现很难放手，但现在必须重新考虑整个决策过程了。与其鼓励团队做出完美的重大决策，不如鼓励团队更快做出较小的决定。同样重要的是，要尽量减少不可撤销的决策数量，这也是数字化科技真正让企业通过小投资来获得大影响的作用所在。在基础设施这类不可协商的原则性问题上能达成一致，就说明其他事情在一定范围内都是灵活的。较小决策意味着收集信息所需时间更少，这也进一步说明了数字化经济快节奏的本质。如果团队更贴近客户，为有效沟通收集有价值的数据，他们将拥有足够多的信息，做出明智决定。

3.3.5 鼓励团队的多样化

改变企业文化应与改变团队运作方式同步进行。数字化团队不仅需要坚定不移地执行任务，也需要开放和灵活地进行敏捷转型。这看似矛盾，但真正含义是让所有员工有一个具体的共同愿景，然后就如何实现这个愿景保持灵活的态度。

遇到难题时，团队的多样性会催生新颖的解决方案。领导者需要关注思维的多样化。多样化的思维可让团队成员以不同视角共同完成工作，一起确立新的做事方法。这超越了种族、性别或年龄，关注与生俱来的个人特质和能力，创建一个开放、协作以及高度包容的组织。要确保多样化思维既受到赞扬又能受到保护。正如 *Radical Candor* 一书的作者金·斯科特(Kim Scott)所说的，"在工作中，为了建立虚假人际关系以及让组织表现平庸，最快捷的途径是：坚持要求在与他人建立关系前每个人都具备相同的世界观。"让现状更糟的是，威胁和压制新观点。

为鼓励思维的多样性，需要明确技术和风格上的差距，然后聘任新人来填补空白。积极寻找并聘任那些能碰撞出火花和善于表达的人。通过他们所展现出的不同优势和想法，员工将更愿意参与和协作，也会对自己和同事们发起挑战，随着公司数字化进程的发展，开发出创新解决方案。这可能需要一些时间，但随着团队学会拥抱反馈文化，以及尊重差异，他们也会发展出更高层次的信任。这样，思维的多样化会令团队不仅拥抱变革，而且能在变革中蓬勃发展。

3.3.6 关注交付

数字化交付是一项需要处理的新内容。云计算提供了极具成本效益的快速营销方式。云计算、平台和数据将软件交付提升到全新水平。单体应用曾需要花费数年才能交付，而现在则可将它拆开，在几周内完成交付，并且费用只有之前的一小部分。能利用成本规模效益的方式小批量交付价值，这是非常强大的。这样做更容易获得组织内其他管理者的支持，因为正花少量金钱为他们提供确定的价值，而这在以前是不可能实现的。单凭这一点已经很有优势了，更别说这种交付方式还会带来其他益处。

1. 降低风险，提升创新意识

在一个项目的初始阶段，相关风险是最高的。一旦项目完成，风险就降为零。时间越长的项目本质上风险越大，因为可能面临更多变化以及出错的可能。将创意更快地推向市场，以及将大项目分成能独立提供价值的交付周期，都可明显降低风险。这意味着商业案例变得更容易接受，项目可能在预算内完成，而这些过去在 IT 交付领域是闻所未闻的。

现在高管不再担心在新软件产品上花费数百万美元。随着对数字化需求的提升，团队可尝试更多、更全面的技术和想法，而在此前，因为风险太大，代价太高，这些技术和想法无法得到经理的批准。执行团队中的关键参与者会因此突然对试验新技术产生兴趣，而推动团队和企业变得更具创造力和创新性。

2. 更快成功和失败

更短的项目周期意味着更高的成功率。获胜将极大地提升团队的信心。这就创造了一个交付的飞轮效益，团队通过提高服务的价值获得客户和管理层积极的反馈，自然会激励他们重复这样的成功，产生更多积极的反馈。重要的是这些反馈通道是强壮和健康的。成功才是成功之母。随着团队不断交付成果，获得前进动力，组织将转型为数字化交付的机器。

任何一个鼓励实验文化的企业都会经历失败。但这没有关系，实际上反而对企业有益。失败是企业学习的重要源泉。在数字化时代，交付最棒的一点是成本极低，且项目更小，迭代更多。因此更容易执行还原或回滚操作。在任何一个失败的项目后，进行回顾来确定失败的根本原因，然后在组织内分享这个发现。将每个失误当作宝贵的经验教训，长远来看，这必将帮助组织走向成功。

3.4 问题

(1) 您是否评估过企业文化，以及支撑企业数字化转型所需的变革内容？

(2) 您是否清楚阐述了数字文化的基础，它是否在您的客户和员工中产生共鸣？

(3) 公司的绩效和奖励机制与您期待的企业文化和行为匹配程度如何？

(4) 在您领导的团队里，是否具备充分的认知多样性，能成功地处理新的和突发的战略问题？

(5) 您的团队是否行动足够快？他们是否具备必要的技能、决策权以及信息来满足不断变化的客户需求？

(6) 您如何让员工更贴近客户？

(7) 您的员工是否有承担风险的权利，他们是否被鼓励从失败中吸取教训而非受到惩罚？

3.5 本章小结

不要忽视文化在推动公司数字化转型过程中的重要性。现在极可能是更新公司成功神话的好时候，将新文化的"信条"融入员工的日常工作和行为中。要做到这一点，需要对目前的处境进行全面评估。可通过建设性的讨论或使用诊断性评估(例如使用图示的竞值框架)来确定企业目前的状态与所期待的未来状态之间的差距，以及需要的变革范围。与领导层达成一致来保持企业所需的平衡，采纳那些有益于支持企业数字化成功的文化特性。

只有在思维上保持好奇心，通过不断地实验，追求新想法并持续改进(接受其中一些想法可能会失败)，才能让变革成为可能，这种心态在领导团队中更是至关重要。有了强大的领导力，可破除对转型的抵制。变化也会发生在层级关系上以及做决策的时候；能使团队更专注于绩效和交付，而不必为管理层何时才能批准文件忧心忡忡。简而言之，拥抱敏捷就是更贴近客户并听取他们的反馈，鼓励信息的自由流通，通过更多的自治权和自组织来增强企业的响应力。最终，改变交付模式将为公司带来更大利益，同时不断强化和延续将为企业带来成功的文化。

以上就是第Ⅰ部分的全部内容。在第Ⅱ部分，将介绍三个有助于公司向数字化经济转型的助推器。

第 II 部分

数字化为变革赋能

  与企业战略、组织阵型和企业文化相关的重大决策是企业实现数字化转型的基石。这些重大决策正确与否意义重大,在第 II 部分中,我们会集中论述数字化转型中需要着眼的核心数字化能力,以确保企业能在新经济时代永远保持竞争力。

  从概念上讲,数字化是一种面向数据的思维方式,即相信可从数据中发掘出无限应用、洞见以及商机,因此,整个市场也将被重新定义。从实践层面讲,数字化指某种技术的应用,即以特定方式设计、构建和运用这些技术。

  在技术投资方面,前数字时代的企业往往不清楚他们应该优先投资哪种技术或哪些技术。领导层被媒体、思想领袖和营销团队所包围,这些人大肆宣扬并许诺美好的科技未来。但科技瞬息万变,今天的尖端技术可能在明天就过时了。在确定技术投资的优先级时,建议企业多关注技术格局和应用领域,不要纠结于某项特定技术。切记,找对重心是关键,一旦把握住重心,企业发展便会水到渠成。

  这个重心便是数字化赋能,它不单是一种技术支持,更是一组核心能力,可帮助企业提升数字化成熟度。如果企业战略、组织阵型及企业文化是企业堡垒和护城河的基础,那么,数字化赋能就是企业的拱璧和支柱。两者只有在结构上保持一致,才能保证企业成功实现数字化转型。

通过对多家公司及多种商业模式的分析,我们发现,数字化赋能有三个驱动因素:数据、平台和智能系统(业务驱动的人工智能);作为数字化时代的先行者,您只需要关注这三个因素。过去10年间,谷歌、亚马逊和脸书等一大批大型科技公司的崛起,都离不开这三个驱动因素。这三种驱动因素还具有将企业从一个易受攻击的静态原始堡垒,转变为具有高竞争力和生产力的机器的潜力。经验表明,这些驱动因素的优先应用对数字化转型格局的成功至关重要。

那么,为什么要使用数据、平台和智能系统呢?从本质上讲,每个因素都能给组织带来难以置信的机遇,无论是从数据中获得洞见,在平台上联系客户和第三方,还是通过智能系统提高企业内部效率以及增强客户体验。但若三个因素完美结合,就会产生神奇的效果。回顾第1章中讨论的飞轮效应,能更好地理解这三个因素是如何融入数字化业务设计中的。

图A表示构建飞轮效应的各个阶段。为理解这三个驱动因素之间相辅相成的关系,我们将飞轮的组件进行了分组。方框1表示促进企业、客户和第三方之间进行互动及交流的平台。方框2表示企业从互动中收集的数据。方框3展示了企业以数据驱动智能系统的场景,驱动智能系统的数据来自客户、员工和流程,并不断完善用户体验,提高企业的内部效率。如图所示,这三个驱动因素互为补充,三个因素的应用对飞轮效应的成功意义重大。

第Ⅱ部分 数字化为变革赋能

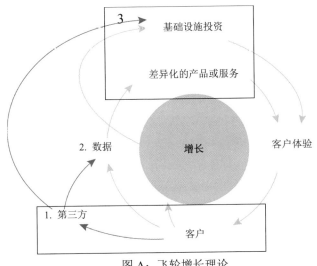

图A：飞轮增长理论

资料来源：源自 Virtuous Cycle，亚马逊绘制，山姆·希利(Sam Seely)改编

大型科技公司是数字化已趋成熟的公司，这类公司已掌握了飞轮及三种数字化驱动因素。现在轮到您的企业了，是时候开始这样的神奇之旅了。为启动这个良性循环，首先要评估自身企业的数字化成熟度基准状态，了解企业应优先在哪些领域发力。

数据、平台和智能系统的应用可组成一个公式，从技术角度描述组织的整体数字化成熟度。企业战略、组织阵型和企业文化的重要性毋庸置疑，但若无法有效地实施这三种数字化驱动因素，企业最终将丧失竞争力。

假设用总分来表示企业的数字化成熟度——如 10 分或 100 分，数字化成熟度分数的函数则是企业评估的数据、平台和智能系统成熟度分值的积分[1]。公式如下。

---

1 积分：数学符号为"∫"，积分是微分的逆运算，适于求复杂多边形的面积。例如，对速度的积分是物体在一段时间内走过的距离。同样，对于三个因素的积分就是组织的数字化成熟度分数了。

数字化成熟度分数 =
$\int(数据、平台、智能系统)$

在接下来的三章中，将详细阐述我们应如何看待这三个数字化驱动因素及其在业务中的具体应用方式，并将每个驱动因素与企业成功战略、组织阵型及企业文化相关的决策联系起来。读完这三章后，可再来分析这个公式，评估一下自身的数字化成熟度，这将有助于企业确定自己的优势和劣势，从而绘制出自己的数字化转型路线图。

第 4 章

数　　据

> 没有数据支撑的理论就是空中楼阁。
> ——夏洛克·福尔摩斯

数据常被称为新石油，这种说法并非无稽之谈。数据是企业的新型经济引擎，也是企业数字化战略的主要驱动力量。

大多数前数字时代的企业都苦苦寻找数据的价值，一直努力从收集到的部分或全部数据中提炼商业价值。人们将这些海量数据称为"大数据"，许多公司不惜重金在大数据所需的基础设施和人才方面投入大量资金。根据德累斯顿咨询服务公司发布的"2017 年大数据分析市场调研"报告，全球 53% 的企业表示"正在使用大数据"，而这一数据在 2015 年仅为 17%。值得注意的是，大数据的应用存在区域差异；北美地区为 55%，略高于欧洲、中东和非洲地区的 53%。亚太地区的受访者表示目前他们对大数据的接受度仅为 44%，或表示"在未来也许会使用大数据"。但科技研究公司高德纳 2016 年的一项调查显示，在投资大数据的公司中，只有 15% 的公司自称正在开发大数据项目。这也反映出企业缺乏数据变现能力，人们将其称为数据价值差距(见图 4.1)。可见，大数据对企业来说，挑战和机遇并存。

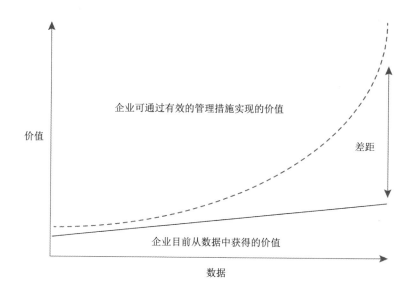

图 4.1　数据价值差距

本章将引导读者将重心放在数据价值上,并通过挖掘新商机推动业务增长。读完本章节后,您会解码关于数据的三大关键知识点以及汽车制造商特斯拉的商业启示。本章还将讨论厚数据[1]的应用问题,提出数据应用的五步框架,阐述数据推动业务增长的三个关键领域。

4.1　三大关键知识点

人们对大数据的崛起及其重要性的认知一直存在一个严重误区:认为数据量是首要考虑因素。数据多固然好,但数据量并不代

1　"厚数据"不同于大数据。大数据在一个标准化的定义和归类过程中,无形中剔除数据中所包含的背景、意义和故事。而厚数据通过较小的样本找回大数据在解读过程中丢失的背景、意义和故事。

表全部，关键要看数据在业务发展战略中的价值及应用。在研究企业数据时，需要考虑三个因素。

1. 粒度

数据粒度能使企业的商业洞见更加明确、具体。细粒度数据是战略与执行鸿沟之间的一座桥梁。例如，如果企业对客户的购买习惯和偏好了如指掌，就可针对特定用户开展营销活动。数据粒度会直接影响每个营销预测的准确性以及企业的投资回报率。

2. 数据来源和内部关联

如果将客户数据、交易数据、供应商数据或使用情况数据分散在不同职能仓筒中单独处理，是无法获取数据价值的。只有结合多种数据类型之间的联系，才能找到以下问题的答案：如果企业进行产品促销，哪些客户会购买？要得出答案，企业需要了解客户的购物记录以及客户的个人信息和购物偏好，企业将要销售的产品和已售产品在风格上的相关性。答案难以概念化，也难以凭直觉想象，但这恰是数据科学和数据建模的用武之地。数据科学和数据建模这两个术语用于描述数据之间的联系以及从中获得洞见的过程。也就是说，想要建模，就必须先将数据集中存储，使数据可被访问，许多前数字时代的企业无法做到这一点。本章将进一步阐述这个过程。

3. 质量和完整性

俗语说，"若把垃圾收进来，最终需要扔出去"，一语中的。如果使用的数据不完整或不准确，那么得出的预测必然毫无意义。目前有许多技术可帮助计算机提高数据质量或完善统计方法，并缓解异常值的影响。用一句话来概括，就是企业不仅要关注数据量，更要关注数据质量。

高质量数据才能满足分析需求，准确地表示真实世界的信息或概念。低质量数据会对公司的战略产生重大影响，导致运营成本上升，客户满意度下降，决策失误，企业内部信任度下降。

稍后将解释这些因素如何影响数据处理方式以及所采用的战略。

4.2　数据的飞轮效应

如果一家公司围绕数据构建其整个商业模式,结果会如何?特斯拉是亿万富翁埃隆·马斯克最负盛名的公司之一,也是一家卓越的数据整合公司。以特斯拉为例,您会发现,在定义企业成功方面,数据发挥了不可或缺的作用。

截至 2017 年 4 月,特斯拉已成为美国最有价值的汽车制造商,在特斯拉内部,数据驱动的思维方式深入人心。自 2012 年推出电动 Model S 汽车以来,特斯拉实际上已成为全球最有价值的公司之一,面对这匹黑马,在过去数十年叱咤风云的老牌汽车行业巨头大众(Volkswagen)、雷诺-日产(Renault-Nissan)、现代-起亚(Hyundai-Kia)和通用汽车(General Motors)不得不重新思考战略定位。

在提到汽车制造商时,人们自然会联想起机械工程师和汽车工程师。但特斯拉与此截然不同,拥有一支庞大的软件开发和测试团队,他们参与一系列项目,其中包括车载系统、无人驾驶技术和太阳能电池板等。

特斯拉汽车内部搭载有自检功能,检测数据会被记录下来并上传至集中化的服务器,数据可用于多种用途,例如,如果车辆检测系统显示泵出现故障,系统会对检测到的信息加以处理并建立一个预测模型,用于在特定泵发生故障前发出警告。然后,汽车会在出现故障前提醒驾驶人员联系汽车工程师进行检修。如果问题严重,特斯拉会派遣一名机械工程师前往车主家中,节省检修时间。未来,无人驾驶汽车闲置时,会自动驶往维修厂,进行故障诊断和故障排除。

特斯拉汽车就是一个数据磁铁,通过操作并重新部署数据,营造一种更美好、更安全的驾驶体验,这种优势可碾压竞争对手。没有其他汽车制造商具备这样的数据和软件驱动的系统。

数据不仅可改善驾驶体验，还使特斯拉能够通过识别改进和升级的机会，来不断优化其供应链，这可能涉及更换特定的供应商，使用部分不同型号的零部件，甚至全部重新设计。此外，利用这些数据，特斯拉不仅可预防故障的发生，还可查出故障原因，如劣质材料、人为失误、工艺缺陷等。这一点非常重要，因为了解到故障的根本原因，就更容易找到消除故障的方法。

特斯拉的商业案例给出的关键启示是，数据驱动的思维模式不仅会优化产品，而且会重塑整个行业。研究这种全新的商业模式可发现，特斯拉的运营都是基于事实，旨在优化一组总体目标，包括销售、产品质量、维护成本及供应链效率。对企业而言，挖掘并满足客户需求不仅是当务之急，而且是一种常态化的工作准则。在数据驱动思维模式的助力下，业务经营的方方面面都无所遁形，因此，决策的透明度也更高。

4.3　厚数据的应用

2015 年，大数据市场规模为 1220 亿美元。国际数据公司(International Data Corporation)预测，2019 年这一数字将超过 1870 亿美元，五年增长 50%以上。这些数据清楚地表明，企业在大数据领域投入巨大。但社会文化学家、大数据专家王圣捷(Tricia Wang)表示，2015 年，73%的大数据项目未实现盈利。

大数据的应用案例涵盖从优化物流配送到协助管理遗传编码问题，但它无法包打天下，在必须更换参数系统，特别是涉及人员时，结果往往不可预测。以股市为例，几十年来，人们一直渴望在股市中寻找致富的模型，但事实证明，股市难测，其中原因既有股市本身的变幻莫测，也掺杂着人性的不稳定性及不可预测性。定量系统及封闭系统与动态系统之间存在一个重要区别，定量及封闭系统不变，且通常不涉及人为**活**动，而动态系统则在不断演变，并会受到人类行为这种不确定变量的影响。由此演化而来的行为经济学就是为解释和预测人类的这种非理性行为。我们的目标是把人(也就是客户)从数据模型中标记出来,并识别其商业属性。天体物理学家尼尔•德格拉斯•泰森(Neil deGrasse Tyson)在 2016 年曾说过:"科学公式凡是牵涉到人类行为,就不再具有线性特征。这就是为什么物理学易学,社会学难懂。"

当人类和大数据发生碰撞时,往往会产生一个悖论。大数据可解决人类难以解决的问题,但在与人相关的问题方面,来自大数据的预测却引发了更多问题。此外,当人类无意识地看重可测量的事物,看轻无法测量的事物时,就会产生偏见。医疗行业就是一个典型实例。患者的健康状况(尤其是心理健康状况)很难评估。尽管如此,医院和医疗单位还是会据此进行考核,根据量化的绩效对医师予以奖惩。

在处理数据时,关键是要认识到,并非所有东西的价值都能直接被测量。大数据系统中需要安排能收集厚数据的工作人员,以防遗漏有价值的洞见,包括无法量化的角色、故事、情感和互动产生的宝贵信息。请考虑寻求社会文化学家的帮助,来获取这些信息,他们采用科学方法来观察一种文化或一个群体。厚数据的数据量可能很小,例如,用户简短介绍了他们使用新设备的体验,但这可能是深刻洞见,并涵盖多角度的产品体验。最重要的是,这种定性材料提供大数据模型的情境。大数据可通过对海量数据的标准化和模式化,提供洞见,而厚数据则有助于找回因使用大数据而丢失的情境及"人性"因素。在整合大数据与厚数据时,您可能提出一个颇具价值的问题:原因何在?

例如,奈飞(Netflix)能同时利用大数据和厚数据为用户群提供更好的体验。比其他竞争对手胜出一筹的关键在于,奈飞聘请了一位厚数据专家,他知道如何向客户询问与客户需求有关的问题,以及验证客户需求的方法。基于数据分析,奈飞发现,客户喜欢一次性看完一整季电视剧,而不是有节制地每周追剧,也不会因此产生负罪感。这促使奈飞重新设计了用户体验,并在 2013 年一次性推出了《纸牌屋》(*House of Cards*)第一季全部 13 集，鼓励电视观众一次看完。利用这种厚数据洞见，奈飞不仅改善了业务表现，还改变了客户看剧和消费的方式。

4.4 数据使用及应用框架

数据不仅能为业务提供支持，还可发挥战略作用，推动业务实现增长。我们定义了实现这一目标的五个步骤，并将其称为数据价值框架(参见图 4.2)。

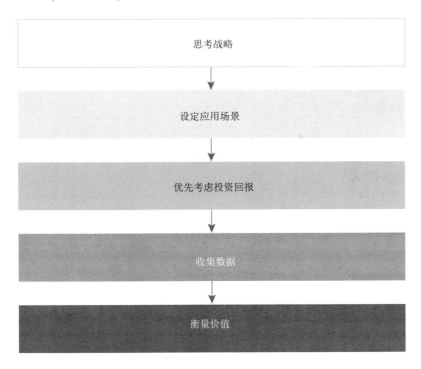

图 4.2 数据价值框架

1. 始于战略

本书第 I 部分谈到新经济时代的成功战略，企业需要规划良好的组织阵型以及符合发展期望的企业文化。让我们再来思考一下成功战略：从数据中提炼的哪些洞见有助于实现产品或企业服务的差异化，为企业提升竞争优势？有哪些可赚快钱或驱动企业经济引擎持续盈利的数据？鉴于这两种类型的价值链，若二中选一，企业究竟想要收集哪些数据？这种思路有助于企业分清数据的优先级。

2. 识别并验证业务场景

第 2 步将第 1 步所确定战略中的理念归纳为企业切实可行的具体措施或应用案例。企业不仅要针对每种应用场景确定业务价值的来源，还要认识到现阶段显而易见的实施挑战。用统一模板来描述每种应用案例；应用广泛的"商业画布图"(见图 4.3)是一种快速展示商业模式梗概的工具，可用来分析每种场景的相对优势、劣势及潜在影响，以解决战略优先级问题。

图 4.3　商业模式画布图

来源：《商业模式新生代》[1]

1　《商业模式新生代》：英文名 *Business Model Generation: A Handbook for Visionaries, Game Changers, and Challengers*。作者：亚历山大·奥斯特瓦德 (Alexander Osterwalder)/伊夫·皮尼厄(Yves Pigneur)。

在练习过程中，需要考虑多种因素，如风险、隐私、访问级别、数据可用性、访问准确信息的便捷性以及如何汇总信息达到最终目的。从这一点出发，企业需要敏锐地洞察自身的需求以及实施方案。

3. 根据投资回报确定优先级

您可能会发现，这一步最难执行，因为企业必须做到以下两点：确定优先级和确保执行力，而这两点是很多大公司都难以做到的。迫于政治和组织方面的压力，大多数组织不重视优先级和执行力概念。如第 2 章所述，当议题较多时，企业往往很难达成共识。第 2 步中阐述的两种应用场景，将有助企业通过一系列举措(通过这些举措，数据和分析会日益融入业务的运营流程)规划出构建大数据能力的逻辑步骤。想一蹴而就，只会浪费资源，且毫无成效。

倘若能说服您所在组织，一次只构建一个大数据发展战略的用例，那么，在收集数据、构建组织相关分析工具，并将工具应用于后续用例方面，您就能成为专家。在流程的每一步中，都要设法计算投资回报率，既可管理利益相关者的预期，也可衡量出相关方案的效果。

4. 获取数据

在第 4 步中，需要与团队一起头脑风暴，为高优先级的用例寻找数据来源。第 2 步重点关注执行和潜在风险，就是为第 4 步的团队头脑风暴奠定基础。大多数情况下，数据收集是一个迭代过程，因为数据科学自然会关注那些可更好地预测业务或运营绩效的指标。团队会不断了解哪些数据对实现企业的最终目标最有价值。确保业务的利益相关者与数据科学团队相互协作，共同发现并测试可能产生最佳预测模型的不同数据来源。

5. 确定数据的经济价值

最后一步将新战略的财务价值与数据源和成功执行每个用例所获得的预测能力联系起来。在评估新数据源开发工作及其业务价值时，应将所对应的新数据驱动项目的财务价值作为评判依据。该项评估会最终驱动生成与数据采集和数据应用相关的指标和目标，企业可借此跟踪每个数据信息采集工作的总体成效。

4.5 优先关注的三个领域

本节旨在帮助读者建立起总体框架，然后确定业务领域以及需要优先考虑的关联数据。

业务的财务价值指预测现金流的折现值。正如杰夫·贝佐斯(Jeff Bezos)所言："企业期盼每股绝对自由现金流(单位为美元)的最大化。"因此，企业掌握了哪些数据？为产生额外的未来现金流，可采取哪些措施？经验表明，要保障未来的自由现金流，企业必须重点关注以下三个领域：

- 完善决策
- 改善经营
- 数据资产变现

图 4.4 阐述三个领域及其对企业增长议程的影响。

第4章 数　　据

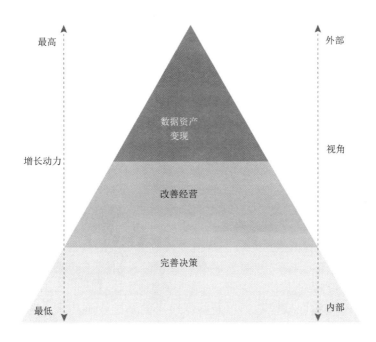

图 4.4　数据价值金字塔

在深入研究这三个领域之前,我们先看看以下两个案例研究,试着将三个领域联系起来。

现如今,人们在买卖公司时,会基于公司所掌握的数据的价值和本质来定价。2015 年,IBM 宣布以 20 亿美元的价格收购旗下拥有 weather.com 和 Weather Underground 的气象公司(The Weather Company)的大部分股权。原因何在?因为气象公司掌握着海量的天气相关数据,包括 30 亿个天气预报监测点、5 万条航线和 4000 多万部智能手机的日常数据。难怪这家气象公司近四分之三的科学家是计算机和数据学家,仅四分之一是大气科学家和气象学家。IBM 掌握了这些数据的访问权及所有权后,即意味着可将这些数据卖给那些日常活动会受大气影响的公司,从而实现盈利。气象数据的用途远不止在农业和交通领域。众所周知,天气会影响消费者的购物

65

行为、员工的幸福感、拍卖价格和总体生产率。这些大数据集合是否还有其他潜在的待挖掘价值，目前仍未可知。对于那些懂得如何分析数据的人来说，其想象力有多丰富，未来数据应用的潜力就有多大。

2016 年，微软以 262 亿美元的价格收购了领英，自此，微软能访问领英 4 亿多用户的职场社交网络以及相关数据。让我们梳理一下微软收购并可使用的数据的特征。首先，数据是以时间排序的，个人在领英上的活动(发贴、分享、点赞、人脉、个人资料更新等)会随时间推移而变化。掌握了这些数据，企业便可获得特定领域的洞见——例如，个人跳槽的倾向或可能性。借助这些数据，还可有针对性地投放广告或发现那些能引领购物时尚的思想领袖。稍加思考，便不难看出这些数据的价值以及数据价值的变现方式。领英数据的价值在于能改善微软现有产品(如 Azure、Skype、Office 和 Outlook)的功能和价值主张。

IBM 和微软在数据以及数据应用的基础设施和人才方面均投入巨大，因此，这些科技寡头能承载更大、更有前瞻性的数据项目。如果您的企业正处于起步阶段，在优先级问题上，往往处理起来比较棘手(也会有点不知所措)。有了海量的可用数据，再辅以本章中介绍的一些理念，商机便会接踵而至。尽管机会很多，也很诱人，但不能盲从，最好选择几个关键的组合项目，以保证自身的竞争力。重质不重量。鉴于此，下面列出通过数据来推动业务增长的三种方法。

4.5.1 利用数据来完善决策

行文至此，想必您对数据在业务决策中所能发挥的作用已有一定了解。本节将对人类解析数据的过程进行研究，以便做出更合理的决策。

可利用数据提升决策能力的关键业务领域有四个：财务、内部运营、人员和客户。确定其中哪些领域业绩不佳，然后制定具体改善措施来提高绩效。对照行业标杆,确定需要关注的指标。找到关键问题,指导企业寻找相关数据来源。找到切入点后,可关注以下特定领域和需要解答的问题。

- **预测性维护**。我们使用的是什么机器?这些机器通常会发生什么故障?故障发生过程是怎样的?有哪些指标与发生故障有关?
- **呼叫中心功能路由**。呼叫中心收到的电话中,最常见的是哪些问题?哪些人员拥有处理这些请求的知识库,这些人员分布于何处?他们需要了解哪些信息用于处理请求?这些请求的根本原因是什么?
- **需求预测**。我们最忙碌的是哪几个月?我们的主打产品是什么?在提供最受欢迎的产品时,我们的瓶颈在哪里?哪些市场对我们的主打产品需求最大?
- **供应链优化**。我们最大的供应链瓶颈在哪里?我们最大的需求是什么?供应链中最大的成本在哪里?
- **伪造或盗用身份证明**。哪些业务,最可能出现伪造或盗用身份情况?我们目前采取哪些措施,这些措施是否有效?市场部最常见的伪造或盗用问题是什么?我们是否对这些问题有适当的应对方法?
- **位置或区域规划**。哪些市场的产品需求最旺盛?哪些领域在未来五年或十年会推动我们的主要目标市场实现最大幅度的增长?我们是否有足够的仓储空间来支持增长?
- **员工敬业度**。哪个部门效率最高?员工的工作满意度如何?决策过程是否拖沓无效?员工是否喜欢所从事的工作?团队之间是否合作?

掌握了与目标相关的必要数据后,还需要定义数据,然后通过交流从数据中获得洞见。幸运的是,您可借助一些已有的工具(如Tableau、Microsoft Power BI、Qlik)以更有效的方式表达见解。在这种应用场景下,电子表格不太适用,效率太低,如果希望说服利益相关者进行投资,建议不要使用电子表格,不够直观,说服力差。

从大数据中提炼的洞见往往存在先天不足，而厚数据恰能弥补这一点。例如，组织可能需要进行变革，但如果操作不当，就会破坏企业文化，让企业处境更糟。厚数据大多是定性数据，而非定量数据，因此，大数据往往将这一部分遗漏。但如果企业能聘请大量数据专家，与领导层协同工作，发掘最有效的变革方法，就可缓解这种风险，确保企业变革成功。

每位优秀的领导者都深谙讲故事的力量，这样可将领导者的经验教训在整个组织内快速传播。平衡厚数据和大数据洞见就是用讲故事的方法，来说明您的洞见是有理有据且经过验证的，不仅考虑数据传达出的显著信息，还顾及人的情感及观点。

4.5.2 改善经营

上一节中讨论的重点是数据如何帮助管理层做出更好的决策。机器可利用数据来帮助业务高效运转，从仓储到招聘、服务交付、客户服务等一系列相关过程，计算机都有用武之地。万物互联就是其中的要素，这一点我们会在第6章中做进一步探讨。

与利用数据改善决策一样，企业还需要着眼于运营，确定需要重点关注的领域，其中包括：

- **分类优化**。软件解决方案可根据客户消费习惯，利用客户购买数据将热销商品放在最显眼的位置。
- **交叉销售或推荐销售**。与客户互动时，软件可根据收集的数据有针对性地推荐产品。
- **自动管理库存**。仓储和库存管理解决方案会实时跟踪仓储库存情况。在库存不足时，重新订购，在需求预测较高时，增加库存。
- **欺诈检测**。欺诈检测工具可识别数据中的恶意行为，并提出建议或自动执行响应。
- **预测客户流失情况**。客户关系管理(CRM)软件中的数据可识别客户行为模式，包括购买记录和最后的接触节点，并基于对客户群的综合分析，将某些事件与未来行为(如流失或负面评论)关联起来。借助这一洞见,建立响应系统，例如，自动给予特价优惠，以提升客户忠诚度，减少客户流失率。
- **动态 B2C 定价**。定价算法可利用基于总体需求的数据模型动态更改产品或服务价格。
- **基于价值的 B2B 定价**。算法可根据客户对产品或服务的认知价值来改变产品或服务价格。

在业务中采用数据驱动进行决策的最佳时机,将取决于战略目标、行业、竞争状况和预算。关键是要优先考虑投资回报潜力最大的领域，并将这些领域与企业所掌握的高质量数据的清晰评估结合起来。

4.5.3 数据资产变现

在越来越多的行业中，通过结构化和筛选，将数据资产变现的机会日渐增多。高质量的数据难以获得，但其对于增强人工智能应用或大数据分析方面的价值日益凸现。许多公司愿意为它们认为有价值的数据付费，您也可为强化组织目标购买有价值的数据。利用数据格式、时间序列、访问(下载)频率或数据粒度等参数更改订阅设置。例如，企业可按 1000 美元/月的价格提供特定数据源的访问权限；对于历史数据和详细数据，可按 500 美元/月的价格提供访问权限，但只能访问当前数据和未来数据。

公共事业单位和私营机构之间可合作开发数据即服务这种形式的商业机会。例如，云分析软件企业 Tableau 可随意访问数百个第三方数据源，而其授权用户可结合这些数据，对自身的数据集进行检查。这项服务结合了独有的数据可视化工具，借助该工具可将数据商业化并扩展对数据的访问，增加 Tableau 的用户群以及订阅用户可查看的数据量。

4.6 问题

1. 您能否利用数据向现有客户提供新产品或服务？如果是，是通过出售数据的方式，还是通过数据来增加产品或服务的整体价值？
2. 您能否利用数据为当前未被自己或竞争对手开发的新客户提供服务？
3. 数据对您当前或未来的竞争优势有多重要？
4. 鉴于所需的时间和资源，厚数据的最佳收集方式是什么？
5. 与团队讨论通过整合大数据和厚数据来实现数据价值，可从中获得哪些好处？
6. 您在哪些地方发现了颠覆标准方法的机会？是将企业管理人员的主观评估纳入数据驱动分析中，还是将数据驱动分析纳入企业管理人员的主观评估内？
7. 您已掌握的数据有哪些？您如何利用这些数据来开拓新机会和新收入？
8. 公司现有团队是否具有数字优先和数据驱动的思维方式？如果具备了这种思维模式，您的经营状况有何改观？

4.7 本章小结

数据已出现爆炸式增长，且增长还在继续。科技巨头已开始挖掘和利用数据为经济引擎提供动力。一些前数字时代的老牌企业已顺应这一趋势，意识到专有数据的巨大威力。您的企业也应顺应潮流，对数据价值有一个清醒的认识，包括数据的具体应用场景、数据来源以及如何从数据中提炼价值。

本章中谈到厚数据概念，即侧重定性而非定量的数据。厚数据作为一种工具，功能强大，有助于企业更好地服务客户，确保企业员工贡献出更大价值。倘若没有厚数据，大数据的效果将大打折扣。

在新经济时代，数据在业务中的应用至关重要。企业可运用本章所讲的五步框架，发现数据应用商机，并将其与成功战略结合起来，如第1章所述。数据投资的性质也不容忽视，确定投资的目的到底是用于完善决策过程，改善企业经营，还是用于数据资产变现或出售数据。全球最大、最具主导地位的企业估值，大多是基于资产变现或可出售的数据价值。如果其他企业能做到这一点，您的企业自然也能。

在第5章，讨论将重点转向平台，包括分析顶尖科技公司的数字平台。

第 5 章

平　台

> 商业会改变民族命运及民族精神。
> ——托马斯·格雷

如今，大企业的业务格局已经发生了变化，世界上最成功的企业都将以数字平台为核心。脸书、阿里巴巴、谷歌、亚马逊无一例外，这些企业都有自己的数字平台，您的企业自然也要紧跟趋势。

平台通过资源共享为用户提供价值。但创造经济价值的却是那些促成交易的平台提供者。平台交易越频繁，赚的钱就越多。作为平台提供者，企业还可最大限度地降低风险，将风险分摊到平台的商家和用户身上。而实现所有这些交易和创新的关键正是数据。平台会自然而然地产生数据，数据反过来帮助企业做出正确决策，发现未来的趋势和机遇，带来新的现金流。如果你觉得这听起来像飞轮，这就表明你已经抓住了数据的核心价值。

将这些概念分解为基本原则，我们可看出平台如何通过促进交易来创造价值。购物中心就是一个前数字平台(见图5.1)；它有供应商(店铺)，也有买家。平台所有者会提供保洁、电力、卫生间、停车场等基础设施，这些不仅是商业配套，事实上，还能通过改善购物体验来促进交易的达成。购物中心的基础设施和便利设施提升了顾客的购物体验，顾客因此乐于消费，入驻商家因此从中获利。不过，拥有购物中心这一平台，以及培育的购物生态系统才是真正的价值来源。

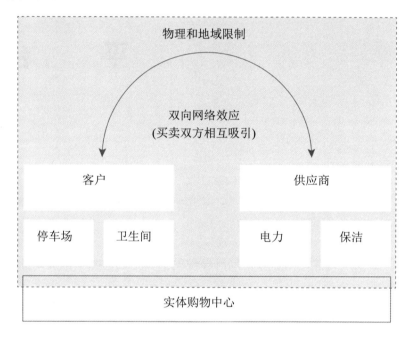

图 5.1　数字平台出现前的购物中心

数字平台(见图 5.2)的原理与购物中心相同，但提供了更多新机遇。例如，购物中心受地理位置和成本制约，只能立足本地市场，要么增长有限，要么代价高昂。而数字平台不受地域限制，世界各地的客户和第三方卖家都可入驻平台，因此可建立起前所未有的新颖互动体验。

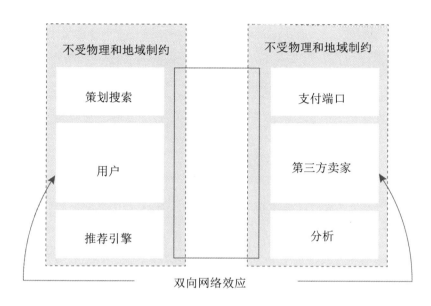

图 5.2　数字平台

苹果公司是数字平台业务中的一个典型案例。第三方公司可在 iPhone 和 iPad 上通过 iOS 平台构建和销售自己的应用程序,由此与用户建立连接。这些程序可提升移动设备的整体价值,而苹果公司却不必为此投入额外资源。此外,此应用每完成一笔产易,苹果公司可抽成 30%。只需要提供一个平台,苹果公司就能借助 iPhone 和 iPad 上的应用,不断为用户创造新的价值。不仅如此,苹果公司还能从所有交易中获利,完全规避了开发风险。并有效地创造了自由现金流。相比之下,大多数前数字化阶段的企业都是连接型企业,当资源沿着供应链从生产者流向消费者时,才能创造价值。

重点在于,平台型业务自身无法控制价值创造,只负责搭建并提供创造价值所需的基础设施和工具。数字化平台催生了新的互动方式以及创新,少许投入就轻松淘汰了前数字时代的过时流程。这在以前是不可想象的。平台还能将传统竞争对手的业务接入进来,为企业提供了进入新细分市场的机会。对平台型企业而言,创造价值的潜力无穷。

本章有助于企业理解平台，并制定相应策略将这些理论应用到自己的组织中。大多数企业可能永远无法成为平台型公司，但企业可利用平台的某些要素，围绕自身产品，创建一个生态系统，增加利润，为企业创收。

5.1 平台的网络效应

平台的本质是连接买卖双方的媒介，对商家而言，没人愿意加入无法进行交易的平台，买家们也更希望加入用户量多、交易活跃的平台。因此，随着平台的发展，平台的价值和"吸引力"也会增加。这就是所谓的梅特卡夫定律(Metcalfe's Law)，一种商品或服务的价值会随着使用人数的增加而呈指数增长。对您的企业而言，这是十分丰厚的利润来源。目前，依靠自身掌握的资源以及分配方式，企业的获利能力可能有限。而平台只受限于入驻商家的资源、决策和想象力，从理论上讲，其获利能力是无穷无尽的。比尔·盖茨曾说过："只有平台用户的经济价值超过创造平台的企业的价值时，才能称得上是一个平台"。换言之，平台本身比拥有平台的企业更有价值(会计师可能难以理解这个概念！)。

当一个平台的用户量达到临界值时，其所能提供的价值就会超过加入成本，从而产生网络效应。在此临界点前，企业需要设法吸引用户加入平台。在制定商业计划、设定预期时，请牢记这一点。

平台网络效应与第 1 章所讨论的需求侧和供给侧经济学概念"规模本身创造价值"紧密相关。固定电话是典型的单边网络，只有一种类型的用户。随着电话用户量的增长，网络价值也会增长，进而可吸引更多用户，创造一个良性循环。相反，像购物中心这样的市场属于双边网络，既有商户，也有买家。店面越多，客流量越大；而客流量越大，入驻商户就越多。这种一个群体的价值由另一个群体的规模来定义的现象称为交叉网络效应(cross-sided network effects)。如图 5.3 所示,这种网络效应也会形成一个良性循环。如果平台的用户群体不止一个,这些用户群体之间的关系就会变得很复杂,但原理是一样的。但要注意,用户群体对于平台的功能和能力有不同的需求。

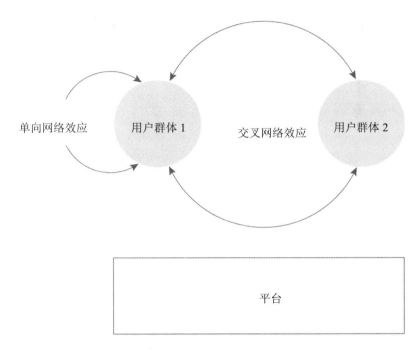

图 5.3　平台网络效应

请注意,仅搭建平台并不能保证成功。以线上短租市场的龙头企业爱彼迎(Airbnb)与其那些鲜为人知的竞争对手之间的竞争为例,在成立之初,爱彼迎即遭遇了德国竞争对手 Wimdu。当时,爱彼迎在美国的市场占有率很高,但在欧洲的市场占有率却很低。Wimdu 当时刚完成 9000 万美元的融资,准备进军整个欧洲市场,此举将使 Wimdu 在全球市场占据主导地位。爱彼迎迅速做出了积极响应。毕竟,全球市场只有一个,而欧洲又是主导全球市场的关键。爱彼迎在三个月内完成了"本地化",根据欧洲各国本地的语言习惯和文化特点对公司网站进行调整,在欧洲开设了八个办事处,便于欧洲游客更容易地访问其网站。爱彼迎用比竞争对手更快的速度占领了欧洲市场,控制了欧洲和美国市场,并创建了一个全球网络。尽管Wimdu的原始资本与爱彼迎相差无几,但在市场份额方面,已难以望其项背。

本章后半部分将论述连接型业务如何过渡到平台型业务(至少部分转型)。首先,笔者会推出平台"速成课",将揭示推动平台发展的因素,以及最前沿的两种平台型企业,谈一谈聚合的威力以及互补和开放的重要性。

5.2 平台的速成课

平台的网络效应衍生出一种新的商业模式,这种经济商业模式已经瓦解且正在颠覆众多行业。前数字时代的企业都是利用规模经济或供给侧规模经济实现了崛起,而科技巨头(如脸书、亚马逊,甚至是如今的通用电气)则从网络效应或从经济角度,利用需求侧规模经济实现了腾飞。那么,推动市场进入平台时代的内在动力是什么?基本上,与数字时代相同:云计算、更强的算力、移动设备和网络。利用这些技术、人和物能实时互联,而不受地域限制。倘若与互联网结合,还能使信息自由流动,网络无处不在,随时可用。

平台还具有降低销售产品或服务的边际成本的能力。在业务中,这些边际成本可细分如下:

(1) 边际生产成本——再多生产一件产品的成本
(2) 分销成本——将产品交付给客户或向客户提供服务的成本
(3) 交易成本——执行商品或服务交易的成本。

如果能建立自己的平台,那么复制和分销的边际成本几乎为零。在所有平台型公司中,能大幅削减三种成本的企业屈指可数,但将其中一两项成本降至近乎零的企业却有很多,即便如此,也能为企业提供巨大的竞争优势。

大幅削减边际成本带来的影响可谓是毁灭性的,前数字时代的企业,用于捍卫自身地位的规模经济(供给侧)将无法再确保其竞争优势。对于出版或广告等信息企业来说,尤其如此。例如,想要建刊并发刊,就需要有员工、印刷机、分销渠道和卖方关系。而且,创办线下刊物的门槛很高,盈利能力还要依赖销量,以及利用规模经济降低成本。如今,创刊杂志的代价是极其昂贵的,而且只有达到一定的规模才可能盈利。但在数字世界中不存在这些壁垒,信息复制和信息传播不受任何限制,只需要轻点鼠标,全球资讯便触手可及。

5.2.1 平台型企业的诞生

首批平台企业充分利用自身在市场上的主导地位,创建了新的信息和数据分享论坛,如社交媒体平台、网络新闻平台以及音乐流媒体服务等。这些模式打破了那些只能创造实物商品和单一服务的传统价值链。例如,音乐流媒体服务将单曲从有形的光碟中分离出来,将音乐集成到移动设备中。汇聚了大量音乐作品,按需提供单曲,不仅如此,流媒体还会按艺术家、流派等将歌曲打包进播放列表,只要有移动设备,消费者可随时随地享受音乐,这是一种全新的体验。

平台的第二次迭代融合了线下和线上功能,人们通常将其称为线上到线下(O2O)平台。数字技术可处理包括交易数据、定价数据乃至用户偏好数据在内的海量数据和信息,因此,线下平台也能产生网络效应,将边际成本降至接近于零。企业之所以创建这些数字平台,是为了管理和连接物质世界,在全球范围内创建以前不可能发生的新互动和新交易。多数情况下,平台公司与物质世界之间的关系是独特的,因为平台公司自身不必拥有实体资产,可将使用权从拥有权中剥离出来,只需要促成交易,培养关系,专注为客户提供价值即可,不必制造和拥有一切。

许多行业都出现了这种平台,其中,爱彼迎和优步颠覆了其所在的整个行业,引人注目。爱彼迎将客房从值得信赖的酒店品牌中剥离出来,优步将车辆从值得信赖的出租车公司中剥离出来。在这两个实例中,企业将实物资产进行模块化和商品化,并有效地外包给第三方。最初,这些实物是一种制约,因为想要达到一定规模,就必须投资于昂贵的基础设施和资产。而这类公司只要创建一个可信赖的平台,将城市中的闲置客房和闲置汽车汇聚在一起,就能实现这一点。随着平台网络的发展,不必在客房或车辆上做额外投资,平台上的客房或汽车也会越来越多。需要注意,网络平台本身的建设仍然需要投入资金(当优步入驻另一个城市时,需要新的办公室和基础设施),而且某些成本(如监管审核费用)属于硬性支出成本。但从理论上讲,网络效应最终会达到一个特定的临界值,此后,网络会自动吸引用户;与用户群的规模相比,网络增长所需的投入微不足道,这正是需求侧规模经济的潜在力量。

5.2.2 整合的力量

科技博客 Stratechery 的创始人本·汤普森(Ben Thompson)创造了一个术语叫"聚合理论",用来解释当供应商集中到一起后,供应商和买家匹配的成本自然降低。这些平台实际上是双边或多边平台,掌握着供应商和买方之间的关系。例如,UberEats 和 Deliveroo 这样的外卖配送公司已在数百个城市聚合了数千家餐厅,用户体验明显提升,两家公司也得以控制需求,进而控制用户与餐厅之间的关系。要成为一家真正意义上的平台聚合商,可借鉴脸书、优步、爱彼迎和奈飞的经验——这才是平台型公司的终极形态。

对聚合平台型企业而言,前面提到的三个边际成本(供给侧)会等于或接近于零。这是因为平台促进了数字信息或商品的销售和分销,导致销售和分销的成本非常低,在达到一定规模后尤其如此。数字商品可代表实物,尽管如此,平台公司提供这种商品所产生的边际成本仍可忽略不计,因为平台只负责处理交易数据。交易成本和分销成本要么转嫁给供应商或消费者,要么直接省掉了。对聚合平台而言,实现规模化并非难事,投入也不大。此外,要想成为一个聚合平台,企业必须确保商品供应,即使企业本身没有库存,也必须直接控制库存。供应商同意按照聚合平台规定的条款入驻平台是因为有大量终端用户愿意并希望通过平台购买产品。中心思想是聚合平台应首先关注平台的需求侧——即吸引大量终端用户。有了用户这棵梧桐树,何愁吸引不到供应商这只金凤凰!

由此可得出聚合理论的另一层含义,其适用于所有公司。平台公司不受传统供应商协议或实物资产的制约,尽管有些平台会出于某些原因选择与供应商签订协议或持有实物资产。正因为如此,平台公司会将更多精力倾注在用户身上,通过发现和探索工具等资源来营造更出色的用户体验,为平台供需两侧的新用户入驻大开方便之门。

聚合平台通过优化体验控制需求,吸引供应商蜂拥入驻。大多数平台为了建立行业壁垒,会为用户提供优于竞争对手的体验,关注价值链的不同部分,通过高利润保持成功——亚马逊就是如此。

本·汤普森(Ben Thompson)围绕平台公司与供应商之间的关系以及平台在确定供给时所负担的成本,将平台公司分成三个级别。

(1) **产品收购型聚合平台**。一级聚合平台会为购买产品付费。这类平台的市场控制权源于其通过控制需求(为用户推荐产品)而获得的强大购买力。提供的产品仅限一级聚合平台可用资源,因此,构建这类平台需要的时间很长。例如,奈飞会为内容(含独播内容)付费。

(2) **产品交易成本型聚合平台**。二级聚合平台不必为产品付费,但在吸引供应商入驻平台时,会产生交易成本。例如,优步每次招聘新司机都要支付监管审核费。这种成本限制了平台发展,但制约程度低于一级聚合平台。

(3) **零供应成本型聚合平台**。三级聚合平台不必为产品付费,也不必承担供应商入驻成本,这意味着供求相关的边际成本为零,只需要掌握供需双方之间的关系,就能从中获利,不产生任何成本。

但自带这种天然商业优势的平台型公司屈指可数。谷歌就属于这种三级聚合平台，平台用户本身会生产和消费内容。三级聚合平台通常会吸收第三方用户群(如广告商)来增收，但对其他用户群体免费(确保平台无阻力地扩大规模)。

应该注意，尽管聚合平台在需求侧边际成本为零，且供给侧成本明显偏低，但很可能承担大量固定成本，如软件成本，但时间一长，固定成本会变成可变成本。也就是说，随着平台各用户群的增长，这些成本会分摊到用户身上，平台自身承担的部分会很低，而且一旦网络效应开始发挥作用，平台会自然而然地吸引新用户。

5.2.3 互补性与开放

互补性指的是一种商品或服务的价格下降(或供应量增加)会提升其互补商品或服务的需求。在平台型企业中，这个概念意义重大。苹果公司的 iPhone 就是一个好例子，通过互补产品或服务的价值提升，来增加用户对其平台的需求。苹果公司允许第三方开发人员在 iPhone 上搭建应用程序，但公司并不为此付费。事实上，苹果还可从中获利。倘若没有这些应用程序，iPhone 对用户的价值就要低得多，这些应用程序不仅大幅提升了用户对苹果产品的需求，还为苹果公司带来收入，本章前面已有论述。

要实现这种互补，可采用很多种方式。在平台领域，产品或服务的互补通常是免费的，或像苹果公司那样直接外包给第三方。不过，苹果公司向开发人员免费提供工具，为其在苹果平台上搭建应用程序提供便利。实际上，苹果公司为开发人员提供了必需的免费工具(供给侧补充)，以便为 iPhone 用户开发所需的应用程序(需求侧补充)。但如果企业运营的是一个多边平台，由于不同用户群的偏好和需求不同，实现互补的方式也有所差异，这一点要格外注意。

对于每次数字交易，都需要收集信息，并从中获取洞见。如第 4 章所述，基于时间序列的数据，让企业能针对用户群体发掘出更丰富的洞见，进而帮助企业发现甚至改变趋势和需求，并预防问题的发生。拥有自身平台的重要性正在于此，平台是最终形态的数据收割机。掌握了平台，企业可查看终端消费者数据、供应商数据以及与平台互动的第三方数据，从而全面了解整个生态。平台型企业还可利用这些数据优化平台上发生的核心交互以及相关用户体验。其中可能包括增强市场影响力，改进策略，或提供工具包、帮助指南、分析或专业知识。

一个平台适合什么样的互补方式，完全取决于平台本身。重要的是，以哪种方式实现互补。企业可免费或低价提供什么内容来增加平台需求？增加平台需求的内容中，有哪些是用户愿意为之买单的？您甚至可能希望将相应互补产品或服务的创建工作直接外包给第三方。企业对相关互补产品或服务的定价，会极大地影响平台的需求？无论如何选择，试图让人们为原本免费拥有的东西付费都是不可能完成的工作，因此，请确保您已做好功课，并分析了数据。

实现互补的关键是开放性，开放性决定着第三方在企业平台上进行创新和创造价值的程度。如果苹果公司禁止第三方应用程序开发人员利用苹果的集成硬件和软件开发新的应用程序，iPhone 就达不到如今的成就。也有一些专家认为，苹果公司仍没有为应用程序开发人员提供足够的灵活性，这方面仍有巨大的挖掘潜力，但这样做将意味着苹果公司失去对产品质量和客户体验的控制。开放性的争论与控制力直接相关。这就是开源软件的副作用(详见第 8 章)，如果平台完全开放，就会丧失控制权和利润，所以，开源软件企业很难盈利。如果企业希望掌控平台，就必须控制为用户创造最大价值的核心功能和应用。要从平台获取最大收益，企业必须有增值产品，可购买第三方开发的新产品，也可自行开发。

5.3 从连接型企业到平台型企业

本章讨论的大多数公司都是以数字公司起家的，创立伊始，就是平台公司，或者至少从一开始就奠定了成为平台公司的基础。对于前数字时代的企业来说，没有这种先天优势，想要转型成平台企业，就需要全新的企业战略和企业文化。

想要将平台战略引入自身业务，就必须有对外开放的意愿，包括向竞争对手开放。透明、开放、共享和社区是平台型公司成功的关键。创造价值在先，而非一味索取。

企业要想利用网络效应和零边际成本，首先必须弄清楚如何建立新关系和新互动，解锁新的价值形式。人们对平台战略常有误解，认为只要建立了平台，就能拯救失败的业务。这种认识是不正确的。想要通过连接型业务创建平台，首先必须有关乎企业核心战略且客户青睐的好产品。

前数字时代的企业一直在利用供给侧的规模经济，低价向客户分销产品。这种经营模式在数字时代并不会即刻失效。您可利用自身与客户之间的关系以及现有优势，建立新的互动，然后围绕这些交互搭建平台。

引擎 B 的发力点正在于此：巩固企业的核心业务，建立数字化渠道，连接企业现有客户以及未来客户。数字化转型工作要进行集中化，确保数据也集中存储并可访问。员工需要利出一孔，而不是分散到不同的数字项目中。从现在开始，您可创建一个生态系统，并向新的玩家开放渠道。接下来将向读者展示如何成功搭建、管理和评估新平台。

5.4 搭建平台

实施平台战略最有效的方法之一是向第三方卖家开放客户群，允许第三方卖家提供与您的核心产品配套互补的商品或服务，这就需要创建一个混合型商业模式，将产品和平台战略结合在一起。对于多数连接型企业而言，这种做法似乎违背常理，因为这意味着不仅要将企业自有客户拱手送给潜在竞争对手，还要允许它们访问企业数据和知识产权(IP)。平台型企业的立足点在于信任和透明。价值创造是竞争对手之间的一场拉锯战，因此，多数连接型企业转不过这个弯。随着网络效应和零边际成本的作用逐渐显现，平台型企业的价值创造能力会远远超出单个实体。

例如，2017年年底，麦格理银行推出了devXchange平台，第三方可通过应用程序接口或API(两个软件程序的相互通信代码)与麦格理核心交易系统中存储的数据进行交互。借助这一平台，麦格理客户可在金融应用程序和银行产品之间无缝切换，寻找更能满足自身需求的解决方案。对第三方而言，这意味着他们突然可访问由客户和金融数据组成的庞大生态系统，从而获得构建新的、更好的金融应用程序所需的工具。而麦格理则通过向第三方开放客户系统，创建了一个双边平台。约翰·迪尔(John Deere)也是这样操作的，向农户和农用软件供应商开放了从其所有机器收集的数据。约翰·迪尔提供必要工具，为客户带来畅通无阻的无缝切换体验。

注意，在这两个案例中，第三方主要致力于开发软件来实现互补，这与苹果公司的模式非常相似，苹果公司掌握着有形产品，在提供有形商品时，会产生边际成本。但允许第三方通过构建互补应用程序来强化产品；这种情况下，苹果公司向终端客户提供这些互补应用或引入新开发人员时，不会产生任何边际成本。同样，约翰·迪尔和麦格理也掌握着与终端客户的关系，在向用户提供权限访问第三方在其核心产品之上构建的互补产品时，不会产生任何边际成本。约翰·迪尔和麦格理与苹果公司一样，利用了供需两侧的规模经济，建立起强大的护城河。

两者都是向第三方卖家开放客户渠道，通过强化商品或服务的价值主张，为客户和第三方群体创造了新价值的典型案例。对于传统的连接型企业而言，这是一种很好的尝试，因为这可帮助企业从产品或服务型思维模式过渡到平台型思维模式。因此，企业不仅可专注于创造有别于竞争对手的产品或服务，还可促进新的互动，并围绕现有产品或服务创建一个可控的生态系统，从中获利。这种操作的好处在于既可尝试更多平台模式，也不会忽略当前客户。

毫无疑问，前数字时代的企业都掌握着某种价值链，加之不同的分销渠道(该渠道很可能包含某种数字化特征)和独立数据存储。我们猜测其业务类似于图5.4。

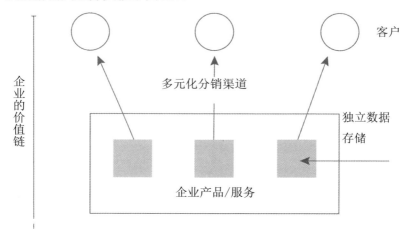

图5.4 管道型企业

想要成功引入平台，需要有一套系统性方法。首先要围绕核心产品创建社区。将客户聚在一起，让客户从彼此互动中获益，向客户提供直接反馈渠道，便于企业收集客户数据和了解需求，与客户一起寻找新的产品思路，做相应调整。切记，要将精力从修复短板移到客户身上。

如第2章所述，第一阶段代表引擎B的初始化，它允许使用敏捷和迭代方式来满足客户需求，还可集中企业资源，着力打造数字平台。引擎A的核心部门仍在运转，因为工作人员本身掌握着丰富的经验和知识，会为企业转型贡献价值。企业在选择启动平台时，重点要做到集中、协调、敏捷和数字化驱动，这样才能实现零边际成本。

这么做的目的是充实平台的需求，自然而然地推动企业的数字化转型。客户能以新方式与企业和其他客户互动。而企业正在强化现有产品，基于客户反馈和收集的数据开发新产品。简而言之，生态系统会变得更加开放和协作。此外，企业产品和数字渠道的数字化具有集中化特点,也有共性。图 5.5 表明了企业目前的业务状况。

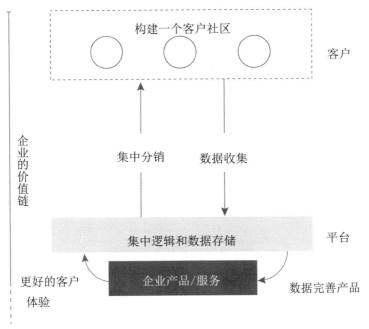

图 5.5 单边平台

下一阶段是引入第三方,在核心产品的基础上构建互补产品,为客户创造更多价值,增加平台"黏性"。此时双边网络效应会发挥作用,第三方会吸引客户,而客户反过来又会吸引第三方。正如麦格理、约翰·迪尔和苹果公司的案例表明,对有形商品或人工服务的最好补充是软件,零边际成本的奥秘正在于此。因此,企业不仅要确保第三方会利用企业的数据,构建数字化补充产品或服务,而且要集中精力管理平台因引入第三方而产生的新关系。关注点不应再局限于客户和企业本身,还要确保双方能平等地彼此受益。需要注意,企业对入驻的第三方应严格把控,否则客户体验差,会影响企业平台和品牌形象。为确保只允许合格的第三方进入平台,建议企业针对第三方制定与您的运营模式和平台愿景一致的强制性标准和服务水平协议。在这个阶段,企业可能如图 5.6 所示。

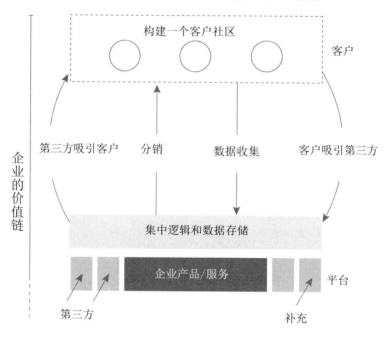

图 5.6 双边平台

最后一个阶段是完全接受混合模式。在这一阶段,企业需要将更多资源转移到构建基础设施和工具上,以优化平台上发生的互动,密切关注企业数据,更好地了解企业用户群体,亲自构建或鼓励第三方构建供需两侧的补充产品或服务,推动需求侧的规模经济,优化用户体验,实现顺畅的互动。请记住一点,聚合平台要始终掌控与终端客户的关系,因为如果企业控制了需求,就能控制供给。企业如果想扩大平台的规模和影响力,首要工作是要保障互动质量。确保实施适当治理,为终端客户保障品质,同时完善生态系统的灵活性,实现创新和新的价值创造形式。如本章前面所述,重点在于平台的开放性。平台的增长与停滞只差毫厘。

我们刚讨论了一种十分有效的方法,可为前数字时代的企业围绕企业的核心产品构建平台提供指导。企业能否突破混合模式，而成为一家完全靠平台驱动的组织，取决于企业的状况以及企业战略。连接型企业还可采用其他方法来构建平台，例如，在产品之外两个客户群体之间建立联系，或为客户的客户创建产品，然后将两个群体连接起来。两种方法都是可行的。但笔者认为，在三种方法中，混合方法实现起来最容易，其他两种方法需要特定的客户群体和特定的战略目标，大多数公司不具备这一条件。

你可能已经察觉到，构建平台与构建飞轮原理类似。平台实际上是飞轮的基础，因为平台是企业客户和第三方的双向连接渠道，飞轮旋转的关键在于网络效应，不仅如此，平台还可收集并利用数据，改善客户体验，意义重大。

5.5　外向型管理

平台的价值远比个体的价值大得多，可促进交互，鼓励用户为平台贡献价值，创建一种全新的运营模式，这种模式着眼于外部，而非局限于内部，管理由内至外。要创建一个利用网络效应增长的平台，企业需要关注更广泛的环境，发掘新的方式进行互动和交易。

反思是改变的开始。传统的连接型企业关注的是内部效率、内部研发、内部资源以及为外部客户创造的内部价值。在此期间，企业会在自身和外部环境之间制造一道屏障，企业文化随之产生。要从平台的复合增长效应中受益，企业需要转变三个观念。

1. 资源编排

与其挖空心思去掌控资源，不如营造一个环境，使第三方可利用彼此的资源构建新产品和服务。集众人之力，共同创造平台价值，这会远远超过企业凭一己之力所创造的价值。

Reddit 是一家社交新闻聚合平台，而在资源编排方面，可谓另辟蹊径。Reddit 用户会互相分享经验和知识，为参与其中的平台用户创造价值。

2. 创造便利

一个平台要取得成功，关键在于不仅能保持平台的现金流，还能促进平台用户之间的交互。培育合适的生态系统，建立恰当的制衡机制，保障用户实现高品质的互动和交易。平台所有者只需要匹配合适的相关方进行互动，确保交互过程可靠、顺畅即可。

例如，几乎所有社交平台，如脸书和领英，都会根据用户当前的朋友圈以及与平台的交互方式，向用户推荐新朋友。

3. 生态系统的价值

请记住，平台的生态系统会不断演化，因此，也要保障平台的基础设施和管理手段可不断发展，以保障交互质量。执行反馈循环，并利用收集的数据，推动平台按既定规划有序发展。持续完善平台的关键在于赋予所有成员话语权，致力于打造一个平等社区而非一种集中型管理方式，鼓励用户参与、创新。切勿短视，因为平台创造的价值远大于企业本身的价值。

开源软件项目是一种极端情况，该项目路线图由项目成员决定。例如，以太坊(Ethereum)是一个基于区块链技术的开源软件平台，用户可在以太坊区块链上构建完整的营利性应用程序。区块链是网络上完成的去中心化、不可变的账本或交易数据库。它支持现代加密货币(如比特币)的底层技术。用户可选择在公共以太坊区块链上创建自己的私有区块链。名为"以太坊基金"的非营利性组织已开发出基本代码，所有人都可下载，也可在以太坊区块链上开发应用程序，以太坊基金会并不会从以太坊区块链的开发者身上获利，只负责以太坊的开发工作以及以太坊社区的构建工作。正因为如此，以太坊社区才会对整个以太坊的发展产生深远影响。

为真正利用平台的力量，企业需要将眼光投向企业外部，将精力放在客户以及企业所处的环境上。这需要做出企业文化和企业战略的变革，力求合作，摒弃竞争思想。领导团队必须将工作重心转移到外部效应管理，从全局把控变为资源收集和资源编排。公司经营不再专注于抓住每个展现自身的机会。相反，管理层应关注最佳机会，同时帮助平台合作伙伴抓住剩余的机会，尽可能将整个平台做大做强。

5.6 定义成功

为保障平台实现增长，用来衡量增长的指标也必须做出调整。最可能的情形是，评估指标只专注于渠道内的价值流动速度，但平台指标必须跟踪如何为用户创造价值，从而促进网络效应持续增长。

到底是什么为用户创造了价值？当然是平台所实现的用户互动。因此，企业在设定指标时，必须立足于增加和优化这些互动。例如，领英会统计用户在其应用程序上花费的时间以及用户的互动和偏好，这有助于提高广告客户的效率。当然，信任也必不可少。例如，对于优步和爱彼迎而言，如果没有用户的信任，平台一文不值。因此，平台要想发展，就必须让用户建立并维持对平台的信任。

请注意，平台建立之初，应该将平台的互动限制在一种类型内。确保单一业务已经做得非常好并建立了所需的基础设施后，才可去考虑扩展品类。举个例子，亚马逊以卖书起家，如今，亚马逊的销售品类已十分丰富，而且涉及运行亚马逊网站的硬件基础设施，即亚马逊网站服务(Amazon Web Service，AWS)；AWS本身就是另一个平台了！正是因为从小做起，树立正确的企业文化，设计科学的组织架构，亚马逊才成长为我们今天看到的庞然大物。亚马逊一直极力倡导以客户为中心的理念，专注配送、送达时间、最低退货率、卖方反馈、卖方库存管理等指标。每一项都与亚马逊经营的交易密切相关，为最大限度地满足客户及供应商的需求提供了保障。因此，亚马逊的客户信任亚马逊这家企业，也信任亚马逊平台入驻的供应商。

5.7　问题

1. 你的企业文化和企业战略是否着眼于外部，你是否把合作和创造新价值的机会最大化？
2. 你关注的是协作还是竞争？
3. 你的核心产品是什么？你能否将人或群体联系起来并围绕这些创建一个生态系统？
4. 你能否向第三方开放客户群，为你的核心产品提供补充？
5. 你能否舍弃一些东西，为你的平台或产品创造更多需求？
6. 在你所在的行业中，什么样的平台才称得上"成功"？
7. 你是否确信自己是在促进和分享价值创造？
8. 你是否只关注客户的核心需求，并允许第三方利用长尾需求创造价值？

5.8　本章小结

数字化平台是这个高度互联的世界的核心。它利用互联网的能力，通过几乎零边际成本复制数字信息，颠覆了传统企业以规模经济建立商业帝国的模式。现在是最好的时代，机会触手可及。数字技术的崛起刷新了人类的交易方式，也建立了新社区，随着社区规模的壮大，产生的价值会更大。以前根本无法登上全球舞台的个人、组织和国家，一夜之间拥有了大量创新机会、沟通平台和渠道。但这也并不意味着前数字时代的大厦就注定要倾覆。相反，数字平台公司所运用的战略和战术同样适用于传统的连接型企业。

实体平台和网络平台之间最重要的相似之处是，既能促进交易，又可利用网络效应。因此，在设计平台时，首先考虑的不是技术，而是要回归本质，思考客户，思考可以或期望促成的核心交易。然后，找出利用技术来实现和优化业务的方法。最后，切忌短视，要先创造价值，而非索取价值，平台的要义正在于此。

作为连接型企业中的管理者，你可通过关注客户来利用网络效应的力量，最小化边际成本。然后，致力于营造一个更具协作性的公共环境，为客户创造价值，随着用户群的不断壮大(单边平台逐步形成)，吸引第三方入驻平台，为核心产品提供补充，为平台入驻者和客户创造新价值。

接下来就是从内部思维向外部思维转变。企业要重视为平台用户提供高质量交易，同时要注重客户的信任，促进核心产品的持续繁荣和完善，并在结合连接型战略和平台型战略的混合业务模式的支持下不断发展。要在网络效应和网络数据的驱动下实现飞轮效应，混合业务模式的作用不可或缺。

前面章节中已提到，数据和平台是企业发展的数字燃料和基础设施，但其中缺少智能系统这一环节。这就是智能系统发挥作用的地方，由人工智能驱动并由数据训练的智能算法的作用要高于平台，它会不断向与之交互的人学习并优化用户体验。智能系统是平台的完美补充，可为企业的数字生态系统的供需双方带来更多价值。第6章将详述这一概念。

第 6 章

智 能 系 统

　　所有工作的目的要么是生产产品,要么是有所成就,要达到其中之一,必须具有远见、系统、计划、智慧、切合实际的目标,还要付出不懈的努力。

——托马斯·爱迪生

　　十多年来,大型科技公司在人工智能(Artificial Intelligence,AI)上耗费巨资,并且许多前数字时代的企业也开始增加人工智能领域的投入。研究人员和商界领袖也一致认为人工智能将启动新一轮的飞速增长,我们认同这种观点,但有义务给出善意提醒。人工智能之路充满凶险,很可能耗资巨大,但最终竹篮打水一场空。多数情况下,人工智能投资都由技术主导,这意味着想要开发人工智能,首要关注的应当是人工智能本身,而非商业成果。但技术投资势必由商业主导,而非技术主导,人工智能也不例外。随便给什么东西安上人工智能的噱头,或者叫"人工智能清洗",并不能解决所有问题。您需要一个定义明确的商业案例指明方向,此外,在投资人工智能前,需要对这项技术本身以及技术的发展潜力,特别是其局限性有所了解。

　　人工智能是一种软件,可分为两大类:弱人工智能和强人工智能。弱人工智能是一款软件，可像人类一样，甚至能比人类更出色地完成某项具体任务。这类人工智能专为某项任务而设计，因此，无法胜任其他任务。强人工智能拥有和人一样的智商，甚至比人更聪明，还有自学能力，就如电影《终结者》里看到的一样。目前，强人工智能尚未问世。但弱人工智能已初见成效，本章的论述重点正在于此。

人工智能最终将渗透到各行各业。如第 1 章所述，它本身并无什么不同之处。为实现人工智能的增长效益，必须将其放在一个系统背景或我们所说的智能系统场景中来考虑。智能系统的组成包括可发挥"智能"作用的算法(计算或其他解决问题的操作中需要遵循的流程或一组规则集合)，必要的计算机处理能力和出色的用户体验。只有三者结合，才能为企业产生切实的商业利益，如审查成千上万份合同，提取关键条款，帮助研究人员从海量数据集中发掘新的洞见，管理大型建筑的电力供应。本章将从机器学习开始，对智能系统的关键组成部分以及对成功应用人工智能的五个关键因素加以论述，提出一系列关于如何构建高防御性数字护城河的想法。

6.1 机器学习的崛起

机器学习可使系统不需要明确编程即可自动学习和改进。其原理是基于儿童学习的法则，即通过经验和重复，更多情况下则是通过反馈来学习。机器学习分为三大类：监督学习、无监督学习和强化学习。机器学习始于 20 世纪 50 年代，但直至今日，才开始成为热点话题。随着机器学习范畴的算法逐渐分层，所能处理的信息比以往任何时候都多，这导致深度学习的兴起。深度学习是机器学习的一个子集，主要是研究自我学习和自我完善的计算机算法。

传统的数据科学侧重于解释过去，而机器学习则侧重于解释未来会发生什么。简单地说，机器学习算法可在大数据集中识别模式，并在检测到给定模式时，执行某项操作或生成输出。机器学习的核心在于将机器学习技术与数据进行匹配。没有数据，机器学习无从谈起。输入的数据越多，算法的预测能力就越完善，预测的可信度和准确率也越高。企业只有了解了自身掌握的数据以及希望解决的问题，才能决定究竟运用哪项技术、哪种工具和哪类算法。机器学习的总体目标是创建通常称为"代理"的智能程序，核心是学习以及演化的算法。如前所述，机器学习分三大类。

6.1.1 监督式学习

使用大量数据集对代理程序进行训练，这些数据集由某一具体问题的正确答案示例组成。输入数据时，算法会自学如何在给定输入下推断所需的输出。为算法输入的训练数据越多，代理程序的推理就越准确。在训练时，为便于算法"学习"，需要对训练数据进行标记。代理程序得到充分训练后，如果向代理程序输入类似数据，它就会按训练方式对数据进行分类，从而产生期望的输出值。如果训练所用的数据失真或其中存在主观偏见，结果就会出现问题。例如，如果运用历史数据来创建与信用评级相关的算法，那么，男性的信用评级得分往往高于女性，因为从历史数据看，在就业市场，也就是在收入和保持高信用等级的能力方面，男性具有相对优势。历史数据中可能掺杂人为偏见，致使代理程序的决策有失公允，甚至出错。尽管代理程序看起来很聪明，但它的智能程度完全取决于训练时提供的数据，如果训练数据中掺杂人为偏见，决策就会出现偏差。

6.1.2 无监督学习

在这种学习模式下，训练代理程序的数据未做标记，也没有定义输出结果(不像监督学习，会在训练代理程序期间对输出结果加以定义)。将数据输入代理程序后，它会自行分类和映射，将数据集合到类似存储桶中。代理程序可在数据中自主查找隐藏模式，而不需要任何指示。与监督学习一样，数据在代理程序检测到的模式中起着不可或缺的作用，而这会带来一些有趣的洞见。例如，代理程序可监控在线用户的行为，时间一长，就会对"正常"的用户行为有所了解，如此一来，就能检测出异常行为，识别潜在的网络威胁。例如，如果代理程序检测到用户的登录地址并非常用地址，会根据应用程序的性质向用户发出警告或关闭用户账户。

6.1.3 强化学习

强化学习的代理程序实际上是模仿了动物和人的学习方式。在训练代理程序时，会对与环境的交互方式予以即时反馈。代理程序在环境中执行的动作是经过预先定义的，环境本身也经过预定义。给定一个输入，代理程序执行一个动作，动作正确，向代理程序给予积极反馈，进行强化。与环境交互时，代理程序会在给定输入下学习正确动作，并逐步完善自身表现。强化学习的好处在于可模拟代理程序的训练环境，这样，建立训练数据的成本很低，例如，车辆可在模拟环境下自主学习驾驶技术。谷歌也为强化学习提供一个范例，算法在不同配置的数据中心进行试验，学会了如何优化能耗，将数据中心的能耗降低了40%。

6.2 数据的完美拍档

如第4章所述，在数字经济时代，数据的价值无法估量，它以一种无法想象的方式创造洞见和知识。得益于连接设备(如计算机、手机或传感器)的网络，数据可通过这种网络从源头快速传输到集中存储仓库。构成现代网络的技术和协议正在不断改进，数据的传输速度也因此加快。以往，这些数据会存储在昂贵的本地数据中心。但如今，企业可从公共云服务供应商那里廉价租用存储设备。有了云技术，只需要轻触按键，就可在全球部署海量数据存储空间。

机器学习算法是数据训练出来的，这个学习过程需要大量的计算能力。促进人工智能普及的另一个因素是硬件价格下降,特别是此功能所需的处理器和计算机芯片价格大幅下降。随着硬件的完善,可使用计算能力要求更高的更复杂的机器学习算法,以前所未有的规模收集大量数据,这将大大提高算法预测的准确性,为新技术和新算法开启纪元。最终形成良性循环,其中,计算机处理器的处理速度和容量提升,使新应用程序成为可能,从而产生出要求更高、更有效的算法,也推动了对更多数据的需求,进而增加对运算能力的需求。这种良性循环会促进新产品、新商业模式和新战略的发展,并终将影响全球市场。

第 1 章介绍过飞轮效应,第 4 章和第 5 章展示了如何运用客户数据来完善产品或服务体验,以及平台如何通过创造需求来引发网络效应。在将机器学习融入其中时,势必推动这些概念的发展势头。设想一下,假如有这样一个系统,随着与它互动的人越来越多,它可自主学习,自我完善,营造更好的用户体验,增加用户黏性,超越竞争对手。

毫无疑问,您已在了解客户,但若能使这个过程自动化,就能创建一个极具扩展性的系统,不需要人工干预,即可学习。正如第 5 章所述,顺畅的、弹性的构建平台十分重要。系统的自动化程度越高,飞轮的旋转阻力就越小,转速也越快。与网络效应一样,先发优势至关重要,数据网络效应的增长通常都是指数级的。

想必您已发现,机器学习在数据增值方面,潜力巨大。但如何正确运用算法仍是一项有待攻克的难题。接下来的重点是帮助您成功实现机器学习。

6.3 人工智能的五个关键因素

对人工智能和机器学习技术的投资只会增加。随着流入这一领域投资的增加,算法和相关知识会变得更丰富,竞争随之减少,导致其价值也会随时间推移而不断降低。算法本身将不再具备竞争优势。企业家兼人工智能专家博·克罗宁(Beau Cronin)认为，成功应用人工智能和机器学习的最重要因素是"数据""运算能力""算法"和"人才"(见图6.1)。他认为在四个要素中，最难获取的是数据，其次是人才、运算能力和算法。

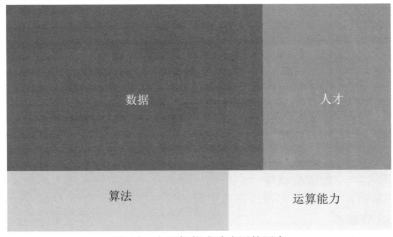

图6.1　人工智能成功应用的因素

数据最难获取，这一点我们完全同意。因为机器学习所需要的数据必须庞大且完整。通常，前数字时代的企业在许多机器学习所需的潜在用例中没有此类数据集，因为没有收集这些数据的基础设施。笔者也认为，在所有因素中，数据对人工智能和机器学习的应用乃至企业的经济引擎最重要，因为没有数据，学习无从谈起，也不可能产生网络效应和飞轮效应。

许多算法都可从线上免费获得，但如果要拥有某种竞争优势，就必须获得第一手数据。想要获取企业所需的第一手数据，需要投入大量时间和精力。因此，数据是构成数字化成熟度分数(Digital Maturity Index, DMI)的三个关键因素之一，这一点在第Ⅱ部分开头有过论述。鉴于已有一章的内容专门讨论数据，此处仅论述其他三个要素。

根据需要解决的不同问题，可在机器学习应用中使用大量算法

第6章 智能系统

和技术。例如,确定某事件发生可能性的算法(如让潜在客户实现消费的可能性)称为分类模型,而预测某事件产生结果的算法(如客户在电子商务网站上的总支出)称为回归模型。算法是人工智能的大脑,在机器学习中,随着时间的推移,机器也会因学习数据而进化。解决方案是否有效与算法应用得当与否密切相关。如果应用不当,可能导致效果不佳,资源浪费。要了解具体应用哪种算法以及算法的应用方式,关键是要聘请同时精通人工智能和业务的人才。

关于这一点,我们基本同意博·克罗宁的观点。但他的人工智能论文缺少一个关键因素,这一点对人工智能的成功应用不可或缺,即"用户体验"。人工智能需要在系统场景中实现。只依靠人工智能这一项无法为用户提供流畅的、无缝的体验。事实上,还可能影响用户体验。人工智能应用的切入应力求自然,并可毫无干扰地增强客户之间的互动。目前,人工智能的应用更多是由技术驱动,而非业务驱动,因此,用户常有不自然的体验,例如,在线聊天机器人能识别的指令不多,如果用户输入的信息不在指令范围内,机器人回复的信息会驴唇不对马嘴,造成这一现象的原因是供应方承诺太多,对需求方缺乏了解。

对于这种"系统"方法,必须将人工智能程序集成在一起,使其密切配合用户的生命周期以及业务基础设施、流程和人员。机器学习可应用于价值链的很多环节,从而提高特定活动的价值。其中一个机器学习应用实例是根据历史数据(季节性需求特征、备货配货、保障库存)预测需求。另一个常见例子是实现自动化流程,根据客户过去的购买行为或与零售商的交互记录,向客户发送精准广告。算法可通过数字化或人机结合方式来增强客户互动,无论是完全数字化的、机器学习与人工结合还是延伸价值链的互动,都基于数据来发掘新模式并推动人们做出决策。如第3章所述,一切都要从小处着眼,获得认可后,再构建自己的机器学习能力。随着时间推移,企业内部自然会逐步普及智能算法,形成一个持续学习、不断进化的系统,并为客户提供不断增长的价值。我们将此称为智能系统。

第1章中曾有论述,人工智能本身不足以构成宽阔的护城河,但智能系统可以。企业如果可创建一个集成了运算能力、恰当算法、种类丰富的数据、业务人才和良好用户体验的系统，便拥有了非常有效的护城河。这些系统显然是由数据驱动的，但生成数据的是企业日常经营活动以及客户与企业之间的互动。支持的客户交互越多，获得的数据就越多。

平台的作用正在于此。将平台看作创新交互并充当双向分发的渠道，数据可在各个方向双向传输，而智能系统可从公司的日常经营活动中收集数据，从而增强平台体验。它还可用来吸引客户，促进客户互动。越多用户使用平台，生成的数据就越多，产品就越智能。这也是本书中反复强调的数据飞轮效应，智能系统在良性的循环周期中扮演着重要角色。在改进过程中，还存在大量人为因素，驱动着数据的收集工作，但您在循环中建立的自动化程度越高，飞轮旋转速度就越快。

6.4　创建智能系统

如何创建和实现一个智能系统呢？关键是要从小处着眼。作家、系统理论专家约翰·加尔(John Gall)曾写道：

一个复杂的系统必定是从一个简单系统演化而来的。一开始就把系统设计得十分复杂，很可能导致它无法正常运转，即使打了补丁，依然无济于事。企业必须从头开始，从一个简单系统开始。

在创建智能系统时尤其如此。一开始就掉入复杂设计的陷阱，注定会失败。从小处着手，在内部造势，赢得关键利益相关者的支持至关重要。智能系统的创建是一个高度依赖迭代的过程，需要数据专家和业务领域的专家结合自身知识，共同努力。将人工智能集成到组织的任务时，我们建议采取以下方法。

6.4.1 理解

在投资人工智能之前,企业首先要了解人工智能及其对组织和市场部门的影响。要先做调查,提升业务主管的技能,然后开始咨询供应商或聘请人工智能专家。

6.4.2 识别

其次,确定一系列潜在的业务导向的人工智能项目,即智能系统。针对每个项目,定义企业希望通过这些系统完善的关键指标。这些指标必须易于衡量,以便持续跟踪算法的优化,并为每个项目定义成功标准。

寻找需要决策的领域,或者寻找需要在给定输入的情况下产生输出的领域。通常,这些都是重复性任务,需要人做某种形式的判断。人工智能领域的权威专家吴恩达(Andrew Ng)表示,如果一个人需要大约一秒钟完成一项智力任务,现在或将来就可在人工智能的帮助下实现自动化。其他机会存在于大数据集合之内,而人工智能的专长正是通过数据来进行预测和提供建议。请记住,人工智能的关键在于大量数据,而非项目执行,并且,在使用和存储某些形式的数据(如客户数据)时,还需要考虑伦理和法律因素。

6.4.3 排序和计划

选好项目并定义了成功标准后,请根据能承受的底线,对项目进行排序。排序时,需要考虑实施和维护项目的成本。要完成此项调研工作,需要聘请掌握人工智能知识的专业人才。实现人工智能解决方案的方法有很多,包括利用供应商或开源解决方案,因此在着手实施前,人工智能项目负责人要对所有可能的选项做出评估(在第 8 章将详细讨论开源软件)。最后,还要涉及人力成本,因为训练这些系统需要专业人士的帮助。

在进行此项分析时,企业需要掌握足够的信息,将一系列项目计划组合起来。笔者不建议一次完成所有项目，优先选择那些成本不高但回报不错的项目。如果成功，初始项目会起到示范作用，获得企业利益相关者的认可。第一个项目就是为了证明你的理念正确而生的。

6.4.4 执行和监控

选定第一个项目后，就要开始着手执行工作。在实现智能系统的过程中，最耗时的是数据准备工作。选择标记合理的结构化数据集合，意味着数据准备工作要少得多。如果组织缺乏专业数据知识和基础设施，将很难有效地实施任何机器学习解决方案，在继续执行前，请先确保这些准备工作已就绪(要了解更多信息，见第 4 章)。

与任何软件实施一样，在启动前需要进行严格测试，确保系统产生正确的结果，因此，请预留足够的时间。这是企业的第一个项目，务必将基础打牢，为将来的项目奠定扎实的技能基础，并提供完善的基础设施。

机器学习是一个不断完善的过程，因此不能设置参数后就置之不理。随着时间推移，消费者行为或内部流程都会发生变化，机器学习算法的准确性也会因此下降。所以，要定期检查这些算法以评估相关性；必要时，重新开发。

还有其他事项有待考虑。

6.5 组建团队

在挑选团队时，要兼顾业务和技术能力，两者都很必要。选择的技术人员必须了解业务、市场以及企业试图解决的根本问题。还必须能用通俗的语言解释自己正在从事的工作和已完成的工作。如果技术人员不清楚所从事工作的最低要求以及对业务的重要性，那么，项目一开始，就会处于不利境地。要问问自己：商业案例是否合理？这是一种双向沟通方式，企业和业务团队必须花时间和精力站在更高的角度理解人工智能和机器学习的工作原理，还要清楚它们的潜力和局限性。对同一件事，人们的期望值却不尽相同，因此，要认清现实，清楚人工智能可实现的目标，尽可能保障项目平稳运行。

6.6 大数据的五个特性

在人工智能应用过程中，最具有挑战的工作之一是寻找合适的问题来解决。您或许有很多可优化的业务流程或客户接触点，但如果未掌握这些领域中训练算法的数据，就不是一个良好开端。相反，要先从容易取得成果的项目开始。我们将介绍如何发现机器学习和智能系统的用例。首先，读者可基于在第 4 章中学到的知识，思考一下大数据在智能系统中表现出的五个特性。

(1) **速度**。指数据从数据源的流出速度。智能系统的输入数据越接近实时数据，对环境变化的响应力就越强，从而能更好地制定决策和提供客户体验。

(2) **数据量**。为取得最佳结果，机器学习需要大量的数据集合。训练智能系统时使用的数据越多，输出结果越好。

(3) **多样化**。数据多样性意味着智能系统的适用范围、应用环境更广泛。反过来，也意味着智能系统可理解的变量更多，在决策时考虑的角度更全面。

(4) **准确性**。如果数据不可信，系统输出自然不可信。企业要对数据进行适当检查，保障智能系统接收的数据值得信赖。

(5) **价值**。企业使用的智能算法、输入的数据以及创造的智能系统是否会带来价值？如果会，受益者是谁？在人工智能的应用中，要经常思考这个问题。

行文至此，您应已经重新认识了数据在推动智能系统发展方面的作用，现在，不妨将注意力转移到发现业务导向的机器学习的案例上来。

6.7 建造高防御性护城河

智能系统可用来替代或补充专家判断和人工决策过程。预测模型的决策速度比人更快，可同时为数百万个数据集作出决策。对人员而言，从事这项工作耗时费力，代价高昂。这些模型比人类决策更准确，且不存在不一致问题。完成模型训练后，特别是成规模后，系统的运行成本要低很多(想想数字产品的推荐场景)。

尽管人工智能发挥出预测模型的巨大威力，但前面已有论述，仅依靠算法充当数字护城河是远远不够的，必须建立一个智能系统，推动客户互动，提高客户体验的个性化和有效性，从而产生用户黏性。那么，一个能充当防御护城河的智能系统都包括哪些内容呢？下面列出五点，顺序不分先后。

1. 垂直专业领域

在许多行业中，人力资本、业务专有知识以及知识产权都可在某些特定领域发挥护城河的作用。您也可利用这些方面的专长创建一个智能系统，相对于不具备这些专业知识的团队所建立的智能系统，您的系统将有明显的竞争优势。请注意，人工智能无法告诉您在什么场景以及以什么方式应用人工智能，这是人要做的工作。为做到这一点，团队不仅需要技术人才，还需要商业人才，共同努力。那么，您所在领域的专家在哪里？能否结合数据建立一个智能系统？

简单说明一下。有些人不将专注于垂直专业领域视为"系统"的内容，但我们确实是这样理解的。即使在一个垂直方向上，也有大量不同来源的数据集需要收集,这些数据集在与机器学习结合时，会释放巨大价值。

2. 大规模定制

智能系统必须具备扩展性，即使新用户涌入，企业也不需要对系统做大幅调整。为实现这一点，关键是要构建一个能轻松吸引新用户的系统，同时，从第一次交互开始，就能为用户提供个性化体验。智能系统由软件组成，因此，通过智能系统为用户提供个性化体验的边际成本为零。而若人为建立这种个性化体验，不能算是智能系统，而且，边际成本很高。对于面向客户的解决方案而言，这种属性更关键，当然，对于内部系统而言也很重要。

3. 人机

多数情况下，实现人机结合，效果最好，类似于垂直专业领域的护城河，但不同的是，专家将与经过训练的智能算法相互协作，以提供最佳结果。系统中一半是人，一半是机器。事实证明，在需要人类情感、判断或创造力的地方，这种方法十分有效。例如，人工智能可帮助客服代表解决客户遇到的问题，并快速找到解决方案，而客服代表可采用客户满意的方式和语气传达解决方案。这种结合可为企业建立高防御性的护城河，因为智能算法和人类专家都会随时间进化，创建一个混合飞轮。

4. 网络智能

数据合作伙伴的网络效应会通过算法为整个价值链的参与者提供增量价值。参与方越多，可用于增值的数据就越多。飞轮开始发挥作用后，增值效果会吸引更多参与者，互动也越来越多。将网络智能应用于平台，可完善需求侧和供给侧的体验。在需求侧，推荐引擎会基于客户的购买行为以及其他数据源(如天气或季节)向客户推荐产品；在供给侧，定价优化引擎或预测引擎会帮助卖家根据数据源(如一年中的时间、类似客户的购买习惯、天气和剩余库存及未来库存)为产品定价并预测需求。

5. 整合智能

智能算法辅以物理硬件会创造出无限商机。只有硬件和软件相集成，才能达到最佳运行状态，创造出有形产品，提供新体验，开辟新的业务机会。企业若能创造出同时存在于数字世界和物理世界的产品，就可为企业构建令人难以置信的强大护城河。最典型的例子是 iPhone 8，它采用了苹果设计的 GPU(图形处理单元)。苹果可优化 iPhone 上运行的机器学习进程，为苹果的智能个人助理 Siri 创造了得天独厚的条件。

企业之所以能建立行业壁垒，不仅得益于智能，还因为所建立的系统。基于这种理念，有五种建立智能系统的方法可供参考。五种方法之间有一定程度的重叠，但也针对创建高防御性的数字护城河提出许多不同的建议。在着手实施前，一定要想一想：是否可以持续改善业务？不管是节省成本，创造更好的客户体验，吸引更多用户，还是帮助企业更快做出更好决策，都会影响企业的营业额。使用技术的意义在于帮助企业取得成功。

智能系统的优势在于可从数据中不断地自我学习。接下来要考虑的问题是：企业的组织架构和企业文化是否已为积极应对这种不断发展的智能系统做好了准备？随着时间的推移，智能系统会不断改进，团队也需要与时俱进。否则，投资机器学习毫无意义。事实上，还可能浪费企业的宝贵资源和时间。

要实现机器学习，并创建智能系统，请确保您的团队可使用敏捷方式行动。机会稍纵即逝，一旦错过，可能对企业造成毁灭性打击。最后，要利用人工智能，就要培育"不断学习"的企业文化。因此，在选择企业的引擎 B 时，要优先实现智能系统，不要局限于以往的业务模式。新组建的团队要使用敏捷方式运作，可持续学习，并能适应和改善新技术；反过来，技术本身又受与之关联的人员和硬件驱动。

6.8　问题

1. 填空题：如果我们的竞争对手将人工智能应用于_____，我们就有大麻烦了。
2. 您会考虑将哪些关键决策或业务操作完全交给人工智能系统？如果让人参与到这个过程中，您会怎么做？
3. 将人工智能与人类("混合")结合起来，可创造出什么样的新产品或服务？
4. 您的最重要模式匹配、推荐、分类和预测活动是什么？您是否正在探索其中一种机器学习解决方案？
5. 如果您的业务流程需要大量人与人之间的互动，是因为您的客户(或员工、供应商或其他合作伙伴)重视它，还是因为他们没有同样有效的数字化替代方案？
6. 您是否对企业内人员做出的决策和预测做了跟踪？人员和算法的表现，谁的较好？
7. 目前，在您的企业内由人完成的任务中，计算机最难接管的任务是什么？您为什么觉得这项任务最难接管？
8. 您认为，算法和人哪个更可能存在偏见？
9. 审视一下自身岗位和企业现有的任务和流程，您认为人与机器之间的理想分工是什么？

6.9　本章小结

比尔·盖茨写道："我们总是高估未来两年的变化，而低估未来十年的变化。"切勿一叶障目，无所无为。机器学习已成为市场的紧俏货，引来众多企业争抢。但如果冷静分析，就会发现机器学习更多的是炒作，言过其实。但也不要误解笔者的意思，这一领域已经取得了长足发展，收获了一些巨大的成功。但机器学习毕竟不是灵丹妙药，无法包治百病，要清醒地认识到这一点。

也就是说，当下的投资和学习可能让企业在将来获得超额回报。但前提是要成立一家公司，可利用机器学习提供更好的体验，决策更快、更准确。因此，在选择应用案例时，企业需要确保所关注的领域会对产品或内部经营方式产生重大影响。如果觉得自己刚窥到人工智能的一角，切勿急于求成，做一些不切实际的幻想。人工智能的应用关键是要为客户营造美妙、清爽的体验，着眼于企业的优势所在，即知识产权和数据，弄清楚如何利用企业资源来建立高防御性的护城河。智能系统想要实现真正意义上的智能化，必须能从多个来源获取数据，还要有人工智能加以辅助。在市场竞争中，占领先机，运用数据网络效应至关重要。

要从智能系统中借势，企业文化和组织架构所能发挥的作用不可或缺。要实现机器学习，必须营造一种愿意不断学习、不断发展的企业文化氛围，因为机器学习会随着时间而进化。如果企业止步不前，无法做出动态调整，就无法从智能系统中真正获益。建立护城河的关键在于人机协作、学习和改进，因此，在谈到组织设计时，关键是将智能系统融入整个企业应用中去；这样，可学习和适应该技术，并在引擎 B 发挥影响时，为智能系统在整个企业中的应用提供支持。

第 II 部分的介绍到这里就结束了。接下来将转入第 III 部分，第 III 部分将介绍数字化转型的三大加速器。

第 III 部分

加 速 变 革

本书最后一部分介绍加速变革的解决方案。作为推动企业变革的决策者和管理层,您需要具备以下三方面的掌控力和影响力,这也是我们关注的重点:

- 投资管理
- 技术风险管理
- 给董事会和董事们的建议

这三个关键领域将极大地影响数字化转型的进程。最常见的情况是,即便是有些企业高管真正将数字化提上公司议程,但涉及以上三个领域的讨论常作为会后思考的问题(如果有的话)。鉴于这三个领域对数字化转型至关重要,我们认为有必要占用一些篇幅探讨一下它们如何影响此前谈到的战略、文化以及驱动因素。

第 7 章将研究数字化创新、增长以及投资之间的关系,会解释被广泛应用的投资回报率计算和传统商业案例场景需要如何适应新技术,将带您了解在获得投资资金,以加速数字化转型战略方面可能面临的挑战,并提供两种重点关注长期回报和快速增长的投资战略。

作为企业的领导者,需要承担投资和增长战略的固有风险。对于前数字化时代的企业来说,随着人们将业务和社交活动转移至线上以及公司之间相互交换数据，出现技术风险的可能性和严重性都在增加。在新的经济环境下，企业领导通常很难管控三个风险领域——网络安全、开源软件以及云计算应用。第 8 章会针对每个领域具体讲解一些措施，来保障企业能在管控风险的同时获得更快的业务增长。

第 9 章是专门为董事会及董事们撰写的。在数字化转型中董事会起到的重要作用不容小觑，因此，有必要让董事们清晰地了解所有公司在数字化转型时都会遇到的挑战，并学会发现和抓住相应的机遇。该章将探讨作为领导如何与董事们交流并获得他们的支持，才能带领企业在数字经济中取得成功。

第 7 章

投 资 管 理

"不是因为事情困难,我们才不敢去做;是因为我们不敢做,事情才变得困难。"

——塞内卡(古罗马哲学家)

毕马威会计师事务所的数据显示,自 2010 年风投资金在全球的投资稳步增长,从 2010 年第一季度的 100 亿美元到 2017 年第三季度的 394 亿美元,年化复合增长率为 21.6%。很遗憾这部分资金并未流向前数字化时代的企业。很多人都见识过那些新生的初创企业,拿着漂亮的商业计划书,与创投人或者合伙人会晤几次就能在几周之内筹得 100 万美元。而要使一个类似项目在前数字化时代的企业中获批,可能需要花费数月,才能在预算周期内、多次会议中、海量的文件里等到一个"合适"时机,同时要应付一大堆决定项目的生死利益相关者,而他们中的大多数人根本不理解提案的内容。换句话说,在现有的业务部门中获得资金是一项艰巨任务。

除了取得资金去执行本书中提出的部分或全部建议,别无他法。对数据、平台或智能化系统的投资都很巨大。在面对数字化变革时,保持与时俱进需要速度和敏捷性。如果没有正确的投资心态和流程,就会困在原地,眼睁睁看着机会从眼前流失。

在本章中,我们将介绍一种投资管理理念,它可帮助您在投资引擎 B 团队(推动新兴经济增长的引擎)时做出更快、更明智的决定。

本章还会解释如何投资管理引擎 A 团队(现有的经济驱动力)，重点强调的是简化、优化其成本和运营。采用本章中描述的思维模式和框架，将确保您所做的投资决定是卓有成效的，并与公司整体的发展战略保持一致。在决策瘫痪症把您打倒前，先消除它们。

7.1 三种创新

在讨论投资的思维模式和框架前，了解不同模式的创新是非常重要的。毕竟，创新驱动投资，投资推动增长。克莱顿·克里斯坦森(Clayton Christensen)定义了三种创新模式来解释投资的本质。尽管这个创新理论已经有 20 年的历史了，但随着数字化发展在企业战略上占据越来越重要的地位，这个创新的理念也变得更重要。克里斯坦森将创新分为如下三种模式：

- 颠覆性创新
- 持续性创新
- 效率型创新

7.1.1 颠覆性创新

颠覆性创新是将"高端"产品(如 20 世纪 70 年代的大型计算机或 20 世纪 30 年代的汽车)转化为经济实惠且更容易买到的产品。在资本密集型经济中，由于颠覆性创新能促进经济增长、创造就业机会、替代高风险的投资，不失为理想选择。颠覆性创新往往从渠道垄断、价格昂贵的产品开始。想想 20 世纪 70 年代的超级计算机，当时的超级计算机非常笨重，引得美国数字设备公司的首席执行官肯·奥尔森(Ken Olson)做出愚蠢的预言："不可能每个人都在家里装一台电脑。"随着时间的推移，小型化方面的创新加上摩尔定律的影响，即在相同成本前提下，微处理器的性能每隔 18 个月就提高 1 倍，将个人电脑送进千家万户。结果是，苹果公司在 2008 年推出的

iPhone 手机，它的微处理和运算能力已相当于 1985 年的"克雷-2"(Cray-2)超级计算机。如今，功能强大的智能产品已成为大众消费品，而不仅是为少数人服务。除了服务和支持，它们还创造出新的工作岗位，例如移动应用程序开发岗位，以及使用 iPhone 与客户联系的新业务。这只是一个利用颠覆性创新的案例，说明颠覆性创新不仅在企业层面上，更在全球范围内释放了巨大价值。然而，为使这些创新开花结果，需要企业投入资金。

7.1.2 持续性创新

与颠覆性创新相反，持续性创新是通过完善现有产品和服务，来微调公司业务的过程。这类创新对于保持或增加企业在相关竞争市场内的利润非常重要。因为企业在一个成熟的市场内争夺客户，而市场总量不变，所以持续性创新并不能创造就业，也几乎不会带来净值增长。客户购买了最新一代的产品或服务，就肯定不会再为之前性能不佳的旧版本付费了。事实就是如此。因此，这样的创新不会产生新的市场。

就拿汽车生产商来说，他们每年都会推出新的系列，向消费者兜售具有新功能和新优势的产品来增强自己的竞争力，赢得消费者的青睐。以金融行业为例，新出的消费贷款产品兼具灵活性和易用性，通过提升贷款额度、实行忠实顾客奖励积分计划，努力赢得市场份额和满足日益增长的顾客期望。这些持续性创新创造了新产品，但并未带来新的买家或新的经济体。

7.1.3 效率型创新

最后一种模式是效率型创新，即事半功倍，这在日本和中国企业中十分常见。效率型创新会增加企业的自由现金流，但通常会大幅削减工作岗位。日本丰田公司通过不断寻求改进其生产流程，开创了以效率为基础的创新。丰田公司创造了即时生产(Just In Time)的管理方式，开创了令全球业界瞩目的精益生产模式，被全球各地数百万的企业广泛应用。

在我们讲解创新思维前,有必要再提一下有关财务指标的问题。

7.2 平衡短期回报和长期投资

不可否认,企业都会利用一系列关键的财务指标,通常是比率,去评价业务成果。但问题是这些指标通常都用来评估短期收益,例如企业的效率或资产回报率。这些数据已成为衡量企业成功的重要依据。如果您对效率型创新很感兴趣并愿意执行下去,那很好。但作为一个带领企业向数字化转型的领导,不再满足于持续性增长,就意味着处于进退两难的境地。

传统的经济原则和金融理论更倾向于一项投资可在短期内获得最佳回报。这种思维方式无疑已深深植入当前的公司。现实中,比率掩盖了未来投资的必要性。仅是提升效率但依然走在过去的老路上,这远远无法满足数字化客户的需求。我们并不是让您完全忽略这些财务指标和准则,只是提醒您这些指标并不能代表全部,也不应是企业的最终目标。

回顾一下在第 2 章中提到过的建议,为达到的短期效率和长期投资之间的健康平衡,您需要同时建立引擎 A 团队和引擎 B 团队。每个团队都需要通过共同愿景连接起来,然后设立各自不同目标和绩效指标。作为其中一部分,请考虑划拨给引擎 A 团队的资金量,并要与分配给引擎 B 团队的资金量进行比较。投资组合将随着所处行业的发展以及企业保持竞争力所需的变化速度而调整。

7.3 投资者心态

企业目前面临的最大的投资挑战是资源的分配和优先顺序。

在第 2 章,我们学习了如何通过建立两个团队,即引擎 A 团队和引擎 B 团队而获益,通过这两种截然不同的方式构建和运营企业,每种方式的目标各不相同。现在我们把这个概念再次引入投资管理中。从投资管理角度看,您需要对引擎 B 采取风险投资的管理方法,积极关注规模和增长,并采取一切卓有成效的措施使其发挥作用。同时,对引擎 A 采用私募股权的方式,这意味着要在现金流为王的原则下创建一个强大、高效的企业。在本节中,我们将讲述三种方式,帮助您培养投资者心态。

7.3.1 建立创新文化氛围

企业文化在支持风险投资和私募股权两种形式的投资中扮演不可或缺的角色。它会形成一种环境氛围,在这个氛围中,领导和员工都愿意承担可预期的风险,且管理者并不害怕失败。这种自由行动的风格在引入风险投资时至关重要,因为无论一家公司的尽职调查多么详细,仍存在出现风险的可能。没有企业文化的支撑,现金流的压力会把新业务和现有业务压得喘不过气。如果再遇到竞争对手加入市场搅局,随着资金和人员流失,整个业务将开始分崩离析。这时,企业将不得不拼命寻找投资,以期提前找到新的收入来源,因为企业原有的盈利业务正在衰退。因此,当企业资金流充足,并有能力承担失败带来的亏损时,采用风险投资的心态就容易多了。

7.3.2 更快的增长

几乎所有前数字化时代企业所使用的财务指标都是基于时间标准来制定的。前数字化时代企业也更容易犯计划过度而执行不足的毛病。对于任何一个新项目,这些企业更依赖于旧有的投资方式,分析投资能以多快的速度收到回报,应对不计其数的指导委员会审查,建立看似时尚的财务模型,撰写表面光鲜的报告书。与其做这些事情来浪费宝贵的时间,不如让产品进入市场,从消费者的反馈中汲取经验,并抢占竞争优势。

在很多案例中，在计划上花费的时间和精力比做实际项目所花费的还要多。三年战略计划、年度预算和计划周期都不再奏效了。当今科技变化如此之快，怎能做到提前部署未来三年内的计划呢？更糟的是，当市场转向一个全新方向时，如果公司仍旧严格地按部就班地执行其三年战略计划，无疑是在白白浪费资金。作为企业的领导，您必须强调执行力以及从错误中吸取教训的重要性。

注重战术执行并不意味着战略规划不再有价值了，而需要把它看成一个持续的过程。2005年，史蒂夫·乔布斯(Steve Jobs)曾说过："对我来说，除非付诸实施，否则创意一文不值。执行力价值连城，而创意不过是它的一个乘数而已。"当今世界上最有价值的领导者是那些行动迅速、执行力强同时有战略规划的人。您面临的最大挑战是如何加速提升执行能力。前面已讨论过文化驱动的因素，现在从投资的角度来分析如何让执行更加有效。这里有五点建议，有助于您更快地行动起来：

(1) 为每种投资制定明确的财务指标，以免团队成员把时间浪费在永远不可能达成目标的投资案例上。

(2) 根据投资决策的周期来设置和传达符合实际的预期。

(3) 限制并明确必须参与投资决策的人员，这样可避免各利益相关者造成的投资比例失衡。

(4) 不提倡精确性优于可操作性的计划。一个成功的计划通常是以大量相互关联的假设为前提的，而投资是否成功只由其中几个关键性假设来决定。制定计划时，假设条件太多，势必令这几个关键决策点变得复杂和模糊。

(5) 确定一小部分不可协商的战略协同要点，这种做法好于在一个项目中完成所有目标。比如，您的投资目标可能针对市场中的特定受众的特征、竞争对手的产品或服务的特点，或针对获得未开发的目标客户的个人资料。这种毫不妥协的优先顺序将有助于确保投资决策与总体战略高度关联，从而获得成功。

7.3.3 鼓励投资效率

初创公司会奖励并晋升执行力强、效率高的管理者,因此这些管理者行动更迅速,工作更高效,而不仅停留在口头上。这些管理者并不仅存在于初创公司。只要给予他们足够的空间和执行工具,他们可能出现在任何一个组织里。当您在公司里寻找这样的领导时,经验告诉我们,无论是在引擎 A 还是引擎 B 运营,都有一种特定的商业导向思维可优化投资回报。总结一下,这种思维方式具有以下三个属性。

1. 他们理解后悔的成本

也许这个理论听起来有些奇怪,但后悔确实会造成有形损失。当一个项目需要返工或失败时,这种后悔及其连带的损失就会发生。后悔是人们做出错误决定时的自然反应。后悔的代价会造成决策者为做出完美决策,而花费更长时间来收集信息,反而更难做决策。这种规避后悔的心态对数字化转型有特别的影响,因为很多前数字化时代企业都清楚,这是传统 IT 项目时代的后遗症。曾几何时,实施技术改革意味着规模巨大、花费昂贵和未经测试,因此领导者会花费数年时间规划以及构建项目路线图,以确保能够成功。现在,得益于云计算的能力,企业可用象征性的成本来实现更小的"价值要素"。

作为一个领导者,您有责任传达这个新规则,那就是,单个项目的失败并不会触及企业底线,可迅速修复和改进。这样可最大限度地减少后悔,让优秀的管理者们采取行动而不是过度设计解决方案。云计算不需要企业花费大量资金去部署自有基础设施,组织可从世界各地构建和部署解决方案。也导致新的交付方式的产生,缩短开发时间,降低顾客的反馈周期,使迭代方法更有效。管理者们了解,后悔的成本因项目规模和灵活性而异,所以会合理地分配时间,只收集对决策最关键的信息,进而将更多时间用于执行。

2. 他们关注烧钱率

烧钱率通常是指新公司消耗其原始资本的速度。但这个概念也适用于更广泛的范围。例如，每次团队召开会议时，您的管理人员是否考虑过这次会议的成本？他们可用这个公式来计算成本：

与会者的综合薪金(计时工资)*会议时长=会议成本

您计算过团队一天的成本吗？用烧钱率来思考项目经常改变您的思维方式、决策方式以及对真正重要的事情的认知。一个项目需要有节制地花钱。要记住资金是有限的，但结果有无限可能。伟大的管理者能将钱花在刀刃上，让产量最大化并保持更高质量的产出。以下几条建议是他们取得成功的秘诀。

- **随时衡量烧钱率**。正确认识绝对时间成本和机会成本。这将帮助您经常性地重新调整决策。
- **少即是多**。规模大、费用高的团队管理起来很难，还会增加不必要的资金压力。
- **不要把小时成本和实际产出混为一谈**。它们不是一回事。

3. 他们积极评价价值

企业经常会陷入大量的咨询服务、架构选型和规划等项目中。因为这些举措会更好地向买家传递经过深入研究的信息和建议。然而，绝大多数情况下，最终研究出的报告没有大范围发布，或报告包含的建议需要不同层次的执行者支持才能实现。报告的成本也可能很高，但企业会通过报告结果意识到这项投资的价值吗？投资型领导者会从不同角度思考问题，反复询问和评估价值所在。这个持续性思考过程涉及从项目到人员的所有方面。与投资回报率相比，这种方法的时间成本更少，使管理者能更专注于高质量的产出，而不是仅为了完成任务。

7.4 问题

1. 在您的企业中,创新是否驱动投资并最终实现财富增长?
2. 如果可降低后悔的成本,这如何加快您的业务发展速度?
3. 想象一下办公室里有个屏幕会显示每天的烧钱率。这将如何改变您的做事方式,又将如何影响您的决策?
4. 您是否衡量过用于持续性创新、效率型创新或颠覆性创新三种新项目所需的投资金额?
5. 您的投资中有多少是注重一年内回报或短期回报的,如何与您的战略保持一致?
6. 如果领导团队可接受三种模式的创新,他们在多大程度上会改变关注点?
7. 与您的同类企业以及潜在竞争对手相比,您的行动速度有多快,业务是否发生改变?
8. 您的企业是否具备支持实验的企业文化和财务绩效考核机制?

7.5 本章小结

要应用本书中介绍的理念和实用建议,您必须进行投资。这对于任何一家前数字化时代的企业来说,都是一种挑战。调整工作方式是必经之路,同时能测试出企业是否认真对待数字化转型。把这部分问题解决好后,其他事情才会迎刃而解。如果处理不好,只会在数字化转型的边缘徘徊而白白浪费时间。

请记住,创新驱动投资,而投资带来企业发展。因此,您需要对创新本身有扎实而深刻的了解,即创新是什么?如何有策略地实现创新?克莱顿·克里斯坦森将创新理论定义为以下三种模式:效率型创新、持续性创新以及颠覆性创新。我们建议您将这三种创新方式作为指导原则进行投资。

作为一个肩负财务责任的领导，您需要培养投资者的心态，以帮助管理创新和成功策略，以及设计引擎 A 团队和引擎 B 团队的组织架构。我们介绍了三种加快业务转型的投资方法。

1. 通过在组织内部营造创新文化，发展风险投资和私募股权的理念，并将其分别应用在引擎 A 和引擎 B 两个团队。

2. 关注时间的价值，意识到只有把产品投放进市场才是最好的控制风险的办法。站在投资的立场上，设法尽快实现这个目标。

3. 努力寻找并奖励能提高投资效率的领导者。现如今，一个更有激情和执行力的领导者在数字化经济下最可能获得成果。这种人有以下三点特质：

- 他们理解后悔的代价，尽管有遗憾，还是坚决执行。
- 他们一直优先考虑烧钱率。
- 他们做每件事，都积极评估价值，从不妥协。

第 8 章将揭示保持较低技术风险的一些主要趋势，以及企业应该如何顺势而为。

第 8 章

技术风险管理

> 要经过充分准备再去冒险,确保风险可控。这与鲁莽行事是截然不同的概念。
>
> ——乔治 S·巴顿

如今的技术风险管理与十年(甚至是五年)前都大不相同了。在这个高度互联的世界里,企业经营必然面临更多网络威胁,这就需要新的风险管理实践来保护企业。企业突然发现自己正在应对价值链上发生的根本性转变,因此需要全新的战略和商业模式来保持竞争力,风险、安全以及法律专业人士都要为此全力以赴。这听起来也许令人望而生畏,但请您务必记住,与无所事事并选择忽略数字化需求的风险相比,网络威胁实在是微不足道。

正如在第Ⅱ部分讨论的,数据才是未来业务发展的基石。这意味着组织必须深刻理解数据管理法规,特别是那些涉及保密与隐私数据管理的法规。围绕数据管理的法规是不断变化的,可能是个雷区,因此组织需要持续更新相应的政策,并雇用或聘请领域内的专家,这一点非常重要。确保增长还需要从根本上转变技术许可的处理方式。取得永久性或一次性许可证已是过时的做法。现在新的方式是订阅或按需付费。这一变化的核心是对云服务需求的不断增长。高德纳公司推测,全球范围内为云计算支付的费用将从 2015 年的 670 亿美元增至 2020 年的 1620 亿美元,年化复合增长率达到 19%。亚马逊、微软、谷歌以及其他很多企业正顺应这一潮流,为客户提供另一种可能,从成本高昂、自我管理的数据中心基础设施,转变为将计算能力视为一种资源的基于云的解决方案。

但向云上转移并不是一帆风顺的。2016 年网络安全市场研究公司 Cybersecurity Ventures 的调查报告中预测,到 2021 年,网络犯罪每年将给全球带来 6 万亿美元的损失,高于 2015 年的 3 万亿美元,而且这一数字将比全球所有主要非法毒品交易的利润总和还多。从这些统计数据看,网络安全成为董事会的热门话题就不足为奇了。然而,迁移至云端并不意味着更容易受到网络袭击;如果执行得当,情况恰恰相反。

近几年来,另一个趋势是开源软件的使用呈爆炸式增长(开源软件完全免费,任何人都可以使用、修改和发布其基础源代码)。开源软件在很多软件项目中扮演重要角色,因为允许组织修改那些原本用来解决他人问题的软件,为己所用。对于律师和风险专业人士来说,这可能是个令人非常头疼的问题。因为获得许可证需要考虑的因素太多,而且这些技术有什么细微的差别完全超出非专业人士的培训和经验判断的范围。

那么,如何在监管合规、网络安全、云计算以及开源软件这几个关键领域内,管理技术风险呢?在本章中,我们将概述企业需要添加到风险管理议程中的主题。此外,由于风险管理必须随着市场和法规的变化而不断发展,我们主张不断更新技术风险管理政策和实践,以便企业在创新和发展过程中持续保护品牌、公众信任和声誉。

8.1 网络安全的新规则

连接机器与人的平台数量比以往任何时候都多,安全漏洞的风险明显加剧。简单来说,与业务建立联系并共享数据的人越多,风险就越大。正如第 5 章和第 6 章所述,智能平台和系统的工程设计非常复杂。随着复杂性的提升,网络安全的风险会随之增加。

IBM 和波耐蒙研究所(Ponemon Institute)联合发布的一份报告表明,数据泄露有 25%是系统故障引起的,28%是人为失误造成的,48%则源于恶意的网络攻击或犯罪。网络必然有其弱点,因此制定正确有效的应对机制能大幅降低网络安全风险。我们列出以下五种方式来降低风险。

1. 客户数据的可控性和一致性

客户数据丢失或被盗,都会给您的公司造成名誉损害和经济损失,进而影响业务运营。行业报告估计,超过 30%的客户在出现数据泄露事件后,会终止与这家公司的合作。因此,您必须清楚公司管理所有与客户相关数据的方式。将这些数据分散在多个应用中,可能导致混淆或丢失数据的存储路径,且不同存储路径对于数据的安全监管标准必然存在差异。因此,需要把敏感的客户数据放在一个系统或数据库内,以确保采用统一方法进行管理。因为可执行通用的标准和惯例,所以将所有数据都集中放置在一个区域,更便于管理和保护。您还应该考虑如何管理这些敏感数据,无论它们是静态数据(已写入但未被访问或传输的数据)还是动态数据(正通过互联网或不同存储区域之间的网络传输的数据)。

2. 更新内部管控和策略

大多数公司花费了数十年时间来实施管控的架构,努力维护内部 IT 功能的正常运转。年度审计和测试过程可确保服务器安全性,访问权限、接入点等相关服务能正常运行。但当与客户在线联系的频度增加时，风险等级会发生变化。随着收集到的客户资料越来越多，企业受到网络攻击的可能性相应增加。很多公司会让员工带着自己的电脑到公司办公，从而加剧了风险。所以，企业需要重新调整相关政策和管控措施来解决这些问题，并要更频繁地组织审核，实施安全保障措施。您可咨询顾问，也可采用软件框架，确保能掌握有关行业标准的基础知识。不过需要考虑您或他们设定的标准是否符合公司的业务目标和价值观。务必聘请专家来挑战"最佳实践"，让标准更适合公司的情况。

3. 相信并尊重云计算

人们普遍认为，使用云服务比使用本地部署的服务器风险更高。然而，事实并非如此。在所有方面，云计算的安全性都是自有数据中心无法比拟的。云计算的市场增长促使公司设法防范最复杂的黑客攻击和病毒传播。那些值得信赖的网络安全公司积极提升他们在威胁侦测、解密、杀毒或恶意软件清除方面的能力，为云计算提供强大保护。然而，那些自有数据中心无法以同样的速度推进其安全管理创新。

云计算的用户可非常便利地访问和启动包括安全程序在内的全球性软件解决方案，所有这一切只需要点击一下按钮即可完成，这将进一步促进业务的发展。这种敏捷性更强调云计算系统的设计和配置。然而，在本地部署的解决方案则必须单独定制和升级。云计算供应商提供了广泛的服务和工具，而且每周都会发布新的服务和工具。因此，必须制定合适的流程，来确保对服务进行适当审计和配置。下面提供几条实用方法：

- 就像开发软件时一样，针对计划从云供应商那里采购的服务，制定一份线路图，并与团队沟通。
- 定期召开回顾会议，如每季度一次，来了解哪些服务是可获得的，以及如何将其应用到您正在开发的解决方案上。
- 制定允许进行创新和试验的策略，并确保执行。在投入使用前，尝试利用所谓的"沙盒环境"在模拟环境中测试和试验新的想法和计划。对于实时系统,请在具备良好安全和风险管理控件的"封闭"环境中使用。

4. 软件工程质量至关重要

整本书都一直在强调应对变化发展的重要性。不要急于牺牲软件工程的质量。忽视了质量,业务可能也就走到尽头,因为您将在管理软件开发风险上浪费大量不必要的时间,其中包括安全性、性能、规模或策略不匹配。软件工程的质量很难定义,并不能简单地将"可使用"作为衡量标准。与软件工程师以及其他管理者沟通拿到一手材料,了解在业务运行过程中,更新或使用新软件的效果如何,才能决定其质量是否合格。如果以下问题的大多数答案是肯定的,那么您可能遇到麻烦了。需要立刻招募一些 DevOps 专家来帮忙解决这些问题。

- 公司的管理层是否报告过,在核心软件更新后或新程序运行过程中,系统和程序的运行比之前更加困难和复杂?
- 团队是否遇到过这样的情况,即一周内刚解决的漏洞再次出现了?
- 用户是否报告过,软件的性能在应用中时好时坏?
- 软件测试的工作量是否不断增大,变得越来越复杂?哪怕这些被测试的软件只进行了微小改动?
- 软件更新的实际工作量或时间与直观工作量是否不成比例?
- 软件开发团队的工作效率是否下降了?当构建第一版产品时,可快速开发出一个新功能,并且团队也曾在每一次迭代中构建很多功能。他们的产出变慢了吗?
- 软件工程师们士气如何?面对复杂的问题和情况的变化,他们是否很容易气馁呢?

编写代码和软件工程之间存在很大区别,差异主要与技能相关。但总体而言,软件开发人员在编写代码时考虑的是特定的功能结果。然而,软件工程师们会使用更全面、更合乎逻辑的方式,来解决规模和适应性方面的复杂问题。当需要处理和扩展更复杂的问题时，请不要吝啬您丰富的行业经验，要与软件工程师一起合作解决。

5. 人是最大的风险

最终，软件和数据是由人来管理和访问的。您不仅需要担心外部的黑客，还要防范与内部员工相关的风险，包括无心之过和恶意破坏。因此，适当的管控措施是至关重要的，但难点在于要确保员工遵守这些管控要求。同样重要的是，这些管控措施不能因为一些不必要的要求而影响日常工作的效率。例如，为维护数据的完整性和安全性而限制访问客户的敏感信息，将阻碍研发效率。您可通过培训项目和针对性审核来降低有意或者无意地损害数据安全的风险。

随着与客户的互动转移到线上，与品牌相关的信任也不断面临网络安全的威胁。作为一家前数字化时代的企业，您能参考的只有公司内部部署的 IT 系统。其中大多数风险已通过一系列界定好的、相对持久的管控措施进行管理，这些系统只需要偶尔更新就能消除大部分风险。但随着开发周期的缩短以及频率的增加，重新设计技术风险管控措施是确保企业跟上市场变化的节奏，保护业务免受潜在威胁影响的必经之路。

8.2 与开源软件做朋友

开源软件并非妖魔鬼怪，它并不像那些通过软件发财致富的富商们希望我们去相信的那样。它是设计用来共享使用的软件，通常由软件工程师担任志愿者而组成的网络社区来管理，用来促进共享和协作方面的提升。事实上，开源软件如今在软件行业已经无处不在、无法回避，但在律师和风险专家的口中依旧是处于风口浪尖的话题。站在战略高度，您需要考虑开源软件带来的机遇，它是一套

第 8 章 技术风险管理

预定义好的可根据需求调整的方案。

全球各地的企业都在使用开源软件来降低成本,而将精力专注于创新工作上,解决单靠一家公司无法解决或不可能盈利的问题。网络钓鱼攻击的检测、基因组测序和地理空间测绘等,只是正在进行的改善企业和公共服务的开源项目中的一小部分。

开源软件也可用来建立新的业务模型和创建数字护城河,对于那些用惯了版权和专利的人来说,这听起来有悖常理。2017 年,电脑芯片制造商英伟达(Nvidia)决定使用许可协议,公开其在销售的一款芯片中使用的设计专利,以支持共享,尽管英伟达在销售的其他一些芯片中也使用了相同的设计。然而,公司对扩大人工智能芯片使用规模和发行量的需求,要比申请到一项深度学习芯片的专利更有意义。英伟达公司认为这项专利并不是什么明显的竞争优势。相反,将技术嵌入硬件设备中并与全世界的第三方软件方案集成才是一个极具竞争力的优势。对于英伟达公司而言,将其设计开源意味着很多公司可围绕着它的技术构建一整套完整的生态系统。换句话说,英伟达创造了一个平台。

尽管有许多开源许可协议可供选择(实际上约有 2500 个),但不要因此望而却步。这里只有一个关键决策点:虽然开源软件是免费使用的,但并非没有法律义务。开源项目的成熟度以及支持它的网络社区的规模决定了软件的安全程度。它有时可能不可靠,并且由于其开放性,可能带来潜在安全风险。因此,尽管大型的开源项目都经过精心设计、记录和审查,也必须进行适当的尽职调查。

以下六点可帮助您更好地管理和利用开源软件的优势:

(1) 制定一个管理开源软件的政策,规定公司可接受哪些类型的开源软件许可,哪些不能接受。这是一个专业领域,主要依据律师和风险专家的意见来决策。

(2) 从安全角度考虑如何使用开源软件,如何从广泛群体中获取众包的内在优势,还要考虑代码公开的弊端和代码的开放性。

(3) 确保您有一个有效的代码审批流程,以便那些可能未意识到风险的员工也可享受开源软件带来的好处。

（4）制定开源软件更新策略并严格执行。这将为您的软件开发团队提供有关更新内容、更新时间和原因的指导。

（5）考虑到您想要构建的方案并不是这种类型软件中的第一个，并且可能已存在一个开源的方案或有一个方案稍加修改就能满足需求。例如 GitHub 这样的网站就是主流的开源代码仓库，在 GitHub 上能否搜索到相应的开源项目是判断解决方案是否已经存在的有力参考。

（6）考虑类似英伟达公司这样基于开源的商业模式，但要确保企业内部具备相应的能力来支持这类商业模式，无论是技术上还是法律上。尽早接触风险和法务专家，将有助于您把握应该遵循的流程。

开源释放了无限的可能性。像平台概念一样，它允许协作又具备开放性，从而提升了业务和客户价值。如同数字世界里其他服务一样，开源的风险是可以克服的，不应视为一种威慑。如果可以解决上面概述的六点，就可缓解大部分相关风险。

8.3　走出云计算的误区

几年前，围绕云计算的炒作还只是噱头而已！那时很少有云供应商能达到他们宣传的服务水平。如今，这种情况已不复存在。云计算带来的好处如此巨大，还有什么理由不把工作负载转移到云上呢？Gartner 公司预测，到 2020 年，"企业'无云'战略将像今天的'无互联网'战略一样罕见"。事实上，Gartner 公司预计，到 2020 年，云计算供应商销售的计算能力将超越企业数据中心出售和部署的计算能力。

云计算为我们提供了一种非常经济高效的方式来开发和发布软件解决方案。云计算的首要优势就是它的弹性。购买一个本地部署的解决方案时，通常会购买一台能处理最大工作负载的服务器，并额外准备几台服务器作为缓冲，以确保安全。这意味着在一年中

第 8 章 技术风险管理

的大部分时间，这些服务器的负载远低于最大载荷。随着公司业务的发展，您最终还需要用一些更大的服务器来替换。但之后需要再次长远打算，购买能处理未来最大工作负载的服务器。如您所知，如果业务增速很快，或遇上高强度周期性工作负载，投入到本地服务器的运行成本将非常高。云计算可解决这个问题，因为您只需要为所使用的服务付费，这意味着没有闲置的计算力。云计算其他的优势包括：覆盖全球范围，降低系统管理和维护的复杂性，以及缩短计算力交付周期。

挑战是必然存在的，但不要总把这个作为借口来回避云计算。有了对潜在问题的理解，就可积极推进落实这项工作了。这里，我们打破了关于云计算的五个常见误区。

1. 有一些应用程序不能在云上运行

有一些人，尽管不是很多，还是会告诉您："无法将在本地部署的方案放在云上有效地运行。因此，消除对基础设施物理架构的依赖最终会增加复杂性，产生重复成本。"但这并非事实，这是没有根据的老式 IT 思维。如果有人这样反驳，请从技术层面询问他们限制是什么，并继续寻求其他咨询公司的意见。考虑到云计算供应商提供的软件套装方案，可以应对各种情况。

2. 法律及风险障碍很难逾越

解决这一问题的最好方法是将转移到目标云的合规性和风险与现在部署到基础设施上的情况进行对比。考虑一下您与当前供应商之间的权利和义务，并将其与谷歌、微软或亚马逊等云服务领军企业之间的协议条款进行比较。通过对比，您将看到云计算服务商降低了管理实体基础设施的复杂性，提供了非常有竞争力的服务级别协议，能满足大部分业务的需求并提供一流的安全保障。这是单独一家企业很难复制的能力。事实上，大多数情况下，如果不将大部分 IT 系统迁移到云中，会给自己造成损失。

3. 成本更高

再来看看总体拥有成本的公式，其中包括顺序更换硬件的周期成本，更重要的是与维护复杂基础设施相关的机会成本。显然，转移到云上之前可能有一大笔开销。但如果您过于关注眼前的利益得失，就可能无法在未来省下可观费用。

4. 我们已经拥有自运维的私有云

拥有自运维的私有云是一个不错的理由。因为拥有私有云看起来是一个很好的引入云计算的方式，但仍然需要考虑以下几个问题：

- 仍旧需要管理基础设施和设备。
- 没有什么是真正共享的，因此无法利用大型云计算服务商们的规模经济效应来降低成本、缩短创新周期并提供更好的整体解决方案。
- 在可用性或其他任何性能方面，您没有服务等级协议，性能由内部管理。
- 与云供应商相比，您的安全性可能更低，获得的审核认证也更少。
- 您每天仍然要担心出现问题。

5. 云计算只适用于研发、测试以及新项目

云计算非常适合开发和测试新的项目方案，但不应该将云计算仅限制在前瞻性项目。将工作负载转移到云上可让您的 IT 团队花更少的时间"保持工作状态"，将更多时间专注于追求创新和数字化进程。如果他们能专心拓展新的创收来源，为什么非要让他们把时间浪费在管理基础设施上呢？

不管您对云计算感觉如何，它都已经来了。云计算的优势一目了然，反对它的那些论点如今已不再成立。如果还没有对云计算有所打算，那您需要尽快制定一套有效的云计算战略，并尽快开始迁移 IT 系统。释放云计算的好处对于为客户提供更好的体验和提高内

部效率是不可或缺的。也就是说，云计算不再只是一种竞争优势，而是一种最基本的交付模式。如果您花费太长时间来过渡，将无法与对手竞争。

8.4 问题

1. 您制定了哪些策略来保护客户数据？上次更新是什么时候？
2. 如果客户资料被泄露或被盗了，对公司有何经济上的影响？
3. 在构建软件时有什么样的质量保证措施？上次更新是什么时候？
4. 您是否有管理开源软件的策略？
5. 您在多大程度上使用开源软件来帮助公司加速成长并降低成本？
6. 您是否客观地衡量过管理本地部署的基础设施与使用云计算的利弊？您是否从中期和长期角度考虑过这些问题？
7. 您的执行团队和董事会多久召开一次会议，来讨论和理解您的业务中与技术相关的风险？
8. 您的员工是否了解您使用的技术风险政策和实践？您打算如何推出更新和新政策？

8.5 本章小结

技术风险管理非常重要，因为新经济改变了组织、客户和机器之间的互动方式。在不断变化的生态系统中，云计算、开源框架以及数据对于促进公司发展起到至关重要的作用。您需要技术风险实践来抓住机遇，减轻网络安全的威胁。

最重要的是对客户数据的监控和管理。在新经济体中，这需要多层面的方法来管控，其中要考虑强有力的政策和控制措施，以及重新审视信任问题。在向数字化转型的过程中，信任对走向成功发挥着不可或缺的作用。不仅需要信任工程师们，还需要相信云计算服务商和开源项目能帮助您建立和运行起公司的核心系统。为获得成功，企业不能再孤军奋战，与第三方的合作会增强您的实力。

不能被潜在威胁吓倒。通过制定合理的政策、流程和工具来保护企业，同时要确保创新不会被过于僵化的体系框架所扼杀。保护好客户数据和知识产权至关重要，并且完全可通过不断更新的协议条款来实现。进行数字化转型，意味着要消除阻碍运营和创新的不必要的障碍。因此，不要用繁杂的风险管理流程和政策来禁锢您的组织——保持精益和针对性。

第 9 章的重点将从技术风险管理转向董事会和董事们，这也是难题的最后一部分。

第 9 章

给董事会和董事们的建议

> 逝者真正传世的不是墓碑上的铭文,而是那些已融入他人生活的东西。
>
> ——伯里克利

本书大部分内容都是围绕前数字化时代的企业领导者展开的。现在,我们必须为董事会和董事们提出相应的建议,他们将在战略层面上监督公司的数字化转型进程。没有董事会层面的支持,企业就不会优先考虑数字化议题,甚至可能完全否决。要引领变革,董事们需要理解数字化对企业都意味着什么,并开始把他们的想法分享给执行团队和企业内部更多的人。

董事会的关键任务是帮助公司经受住数字化的考验,不仅要做出预测,还要引领趋势、协助加速变革,并保持企业竞争力。本章将提供一些解决方案,确保你的董事会能参与并促进变革,还将说明如何才能取得董事会的支持、任命数字化专家、鼓励多元化和创新思维,以及如何在董事会层面解决技术风险管理问题。

9.1 获得董事会的支持

董事会成员必须接受企业的数字化转型。这就要求开展以事实为依据的宣导。事实是，必须对现状提出挑战。考虑到这一点，需要采取以下三个步骤，确保能得到董事会对数字化转型的支持。

9.1.1 提出议案

董事长应该在董事会上专门留出一些时间，来讨论市场大环境对业务的影响，以及固步自封、停滞不前将导致的业绩衰退问题。这样做的目的是要营造一种共同的紧迫感，其他行业的人、风险资本家、学者、思想领袖或顾问可能会增强这种紧迫感。

当务之急是让董事会了解应对种种新经济挑战所需的条件，以激励他们采取行动。如果还想继续沿用重组等在前数字化时代还算行之有效的老把戏的话，他们就难以通过数字化转型来领导企业发展了。另一方面，董事会不支持可能是由于其缺乏这些方面的技能和知识，这就需要加强宣导了，而且可能需要增加一位精通数字技术的非执行董事。

9.1.2 重新审视重大决策

董事会主席是组织战略的最终决策者。第 1 章中列出的新业务规则和战略都需要与首席执行官进行协商才能通过。

要在新经济环境下取得成功，仅有一个为未来做好准备的战略是不够的；还需要快速执行。董事们应该挑战现状，以确保首席执行官和执行团队已利用第 2 章列出的原则，探索过加速变革的机会。否则，他们可能只专注于核心业务的风险。如果董事会不去大力推动寻找新的增长方式，公司就会像一架燃料不足的单引擎飞机那样面临巨大风险，前进的速度也很慢。

要在数字经济中获得真正的成功，企业在文化、活力、节奏和人员等环节都必须与变革进程相适应。新想法需要进行测试，并允许失败，高度数字化的董事会则明白这一点。董事会必须允许管理层出现失误，从中获取经验教训，并在可能的情况下提供建议。如第 3 章所述，这将有助于让"持续发现"这种企业文化贯穿于整个组织。

9.1.3 董事会和首席执行官之间要保持平衡

通常情况下，董事会习惯于由首席执行官进行汇报，就像首席执行官在向他们推销某种产品一样。与其那样做，还不如让他们坐下来就尚未完全形成的新想法开展讨论。在公开和坦诚的讨论中，大家互相分享有益的经验。这样一来，团队内的创造力将受到激励，还会营造出一个更开放的环境。相应地，这样的环境会激发出更好的想法来。

董事会与首席执行官之间的关系和互动对公司的成功转型起着至关重要的作用。关系不融洽就会引起摩擦、影响决策进程。无论是否存在分歧，双方都必须相互尊重。对董事会来说，干涉太多和参与太少之间只有一线之隔。当压力上升时(这种情况在任何形式的数字化转型中都是无法避免的)，董事会成员可能对该计划或首席执行官感到不安。董事会干预过多，首席执行官是无法发表明确的信息并实施变革的；另一方面，董事会参与太少就可能无法提供必要的指导或多角度建议来引领数字化转型。每个公司董事会的参与程度都在这个范围内，在两种极端情形之间总能找到一个平衡点。

最终，董事会和首席执行官应该达成共识：必须做出改变并且双方应该携手合作，共同促进变革。董事会必须与首席执行官及其团队紧密合作，以确保计划能执行到位，还要协助解决那些不可预见的问题。另一方面，董事会需要对首席执行官、管理团队和计划充满信心。首席执行官要有权自由快速决策，以确保决策效率。正如第 7 章所讨论的那样，在公司因着眼于未来投资而暂时影响短期业绩时，董事会不必因此惊慌并"紧急刹车"。

9.2 任命数字专家

毫无疑问,许多前数字化企业也都在努力推动业务转型。但研究表明,那些传统企业的领导者中,大多数人都不具备引领企业数字化转型所需的经验。例如,光辉国际研究所(Korn Ferry Institute)的数据显示,在《金融时报》证券交易所100指数中,只有1.7%的非执行董事(NED)具有"数字化背景",也就是说,他们职业生涯中的大部分时间是在大型科技公司工作或担任战略管理角色,致力于应用本书第II部分所述的那些技术。

2017年1月,卡拉斯通(Calastone)对澳大利亚ASX 100指数成分股公司的管理层构成进行了调查,结果发现:在澳大利亚S&P/ASX100指数成分股公司中,领导团队中有技术背景的只占总数的40%。可以说大多数大公司董事会都不会以精通数字化自诩。

董事会需要方方面面的经验。那么,精通数字化的董事是什么样的呢?精通数字化的董事应符合以下四个标准:

(1) **经验**。精通数字化的董事应该具备在数字原生[1]部门或公司中担任重要运营角色的经验,并且主要具体负责本书第4~6章中所定义的各项技术应用及数字化赋能。

(2) **演示**。精通数字化的董事应与董事会协同工作,要么以董事的身份进行工作,要么定期向董事会汇报说明。

(3) **视角**。精通数字化的董事应该具备全面和战略的高度;既要有技术专长,还要有与董事会决策相符的强大业务和战略敏锐度。

(4) **市场行情**。精通数字化的董事应该对市场中的问题、新兴趋势、技术和机会,以及如何成功地将其应用到业务中充满信心。

这些标准有助于识别精通数字化的董事。此外,应当考虑企业的数字化程度及面临的各种挑战,把个人风格因素考虑进来。《哈佛商业评论》(*Harvard Business Review*)上的一篇文章指出,需要有四

---

[1] "数字原生"指从小就生长在各种数字产品环境的一代人。此处用于形容公司或部门创立阶段就处于数字化经济、云计算、大数据和人工智能环境中。

种类型的人来引领数字化：

(1) **数字化思想家**。这类人几乎没有管理或参与数字化项目的直接经验，但他们能在较高层次上理解数字化的内涵。他们可能在非原生数字化企业担任过咨询师或顾问。

(2) **数字化破解者**。这类人在所有数字化领域都拥有深厚的专业知识；他们的知识通常都是从大型科技公司或数字原生企业的工作经验中总结出来的，但这类数字化领导者在管理方面可能缺乏专业知识。

(3) **数字化领导者**。这类领导者有着丰富的前数字化企业工作经验，而他们所任职的企业在战略和运营层面都接受了数字化思想。作为领导者，这类人很可能更多地接触过数字化和颠覆性创新。

(4) **数字化转型专家**。这类人在前数字化企业中作为领导者参与了企业的转型工作。可能不像数字化领导者那么资深，但可能更精通数字化，在数字化方面更有经验。

很难找到既掌握最新技术知识又有大公司工作经验的人来担任董事。因此，董事会不应执着于找一位精通数字化的人当董事。相反，应该综合考虑上述风格和思维方式，来寻找适合自身情况的人来担任董事。第四次工业革命已然是大势所趋，掌握各种数字化专业知识将变得越来越有意义。

9.3 提倡多样化和创新

选择忠实服从董事会意愿的领导者只会产生更多相同的结果。强势的领导者则会质疑规范并向董事会发起挑战，他们会带来新的活力，让人们改掉不合时宜的习惯、重新设定公司的行动准则。要把这些都纳入数字化转型中，董事会需要持开放态度来接受前沿思想和新思维。这样一来，董事会可能要走出舒适区，当然，这是一件好事，因为如果做出了改变却没有让人们感到不舒服，那就是改变的力度还不够大。需要说明的是，我们并不鼓励任命那种针对董事会所有意见都提出挑战的领导者。

董事会席位中的男女比例和种族多样性都很重要。然而，很少有政策能满足对专业知识和思维多样性的基本需求。以往的惯例是，会计师、律师和管理顾问会在董事会中占据主导地位，但在当今这个数字化和颠覆性的时代，引入数字化领导者势在必行。不要选择那些自诩为数字化专家的人，一定要找到真正能帮助组织在数字化领域蓬勃发展的人。在新经济中，只有那些效率高又能保证执行质量的领导者才能获得成功。

年龄多样性是另一个需要考虑的重要因素。依照传统惯例，董事会的职位都由高级管理者担任。但现在的问题是：董事会成员以什么方式反映公司的目标市场？董事会是否有机会以不同方式参与企业的目标市场？美国人口普查局(US Census Bureau)提供的数据表明，千禧一代目前是美国人口最多的一代，且这种态势将一直持续到2040年左右(届时，Z世代将跃居榜首)。毫无疑问，即便这些精通数字化的千禧一代现在还不是企业最大的客户群体，但他们很快就会成为最大的客户群体。此外，企业不仅要向这些人销售产品，还要雇用他们。这并不意味着要在董事会席位里塞满千禧一代。然而，让一些极具潜力的年轻人加入董事会不失为一个成功的策略，可帮助企业与客户和员工建立联系。

9.4 加强技术风险管理

在第8章中，我们讨论了保护新业务模式免受技术风险威胁的重要性。回顾一下，我们当时确定了三个必须加以考虑并重点关注的主题：网络安全、开源软件和云计算。

在软件、云计算和数字化分销前，网络安全的重点是企业的硬件，主要是网络、防火墙和物理位置。在新经济中，最大风险则是关于管控和保护自己的数据和软件。风险管理的重心是如何保护客户数据，尤其是在数据泄露变得更普遍、对客户数据的监管更严格的情况下。虽然我们在第 8 章已详细讨论了这个问题，但在董事会层面上还可采取其他一些行动。

董事会应提出以下七个问题：

(1) 我们的政策和管控系统是否符合当前和未来的业务模式？

(2) 我们如何保护敏感的客户数据？

(3) 我们是否掌握了足够的信息来评估所使用或开发的软件质量和缺陷？

(4) 我们有网络保险吗？

(5) 我们有应对危机的策略吗？

(6) 我们是否拥有监管网络安全风险所需的信息？

(7) 我们如何保护由第三方供应商处理、存储和传输的敏感信息？

9.4.1 成立技术咨询委员会

成立技术咨询委员会或小组不失为一个从拥有广泛相关技术和数字化专业知识的个人那里获得洞见的有效途径。技术咨询委员会应就数字化事务(例如，新技术在战略层面上的实施，以及网络安全等问题)提供指导意见。

咨询委员会可为董事会和执行团队提供指导，也可选择与其中之一进行密切合作。如果咨询委员会与管理层的互动更多，那么董事会应该确保，咨询委员会的章程和成员构成，足以解决企业所需的技术治理和风险管理相关的问题。

9.4.2 任命数字执行官

随着技术在组织中越来越普及，作为管理风险的监督机构，审计委员会处理风险的能力已变得与其评估财务风险的能力同样重要。与不了解数字化技术的风险管理团队进行协作可能会非常吃力且效率低下，因为他们使用过时的流程和架构来处理项目和决策。强烈建议在审计委员会议程中，明确加入技术风险相关事项，并确保委员会中至少有一位精通数字化技术的高管，在技术风险不严重的情况下，这一点尤其重要。

9.5　问题

1. 您认为自己所在企业的董事会是数字化程度很高、只是在一定程度上实现了数字化，还是根本没有实现数字化？这会给您实施变革带来什么风险？

2. 您觉得自己所在企业的董事会中有多少位董事精通数字化？您觉得精通数字化的董事有哪些个性最难以理解和接受？

3. 董事会成员是否真正理解公司所面临的颠覆性力量？他们如何相互交流这方面的认知呢？

4. 公司是否有全面的数字化战略(侧重于数据、平台和智能系统的数字化战略)、专门的团队、领导层的支持和适当的资金预算？

5. 公司的领导团队是否面临着董事会的全面挑战？同时也在与数字化相关的风险和机遇方面得到相关指导？

6. 技术投资是否由特定董事负责？

7. 您所在企业负责战略的人员有多少数字化相关经验？他们是"原生数字化专家"吗？

8. 您要向管理层和公司传达什么信息？是能提升发现和实验精神，主要用于支持引擎 A 和解锁引擎 B 的信息吗？

9. 您和首席执行官关于技术的对话和会议都能开诚布公进行吗？有相关人员参与和互动，彼此进行思想交流吗？还是都是些正式的报告宣讲？

9.6　本章小结

董事会在前数字化企业成功实现数字化转型和在新经济态势

第 9 章 给董事会和董事们的建议

下维持生存等方面,都发挥着至关重要的作用。任何对战略的根本性改变都需要强大的领导力,我们描述的这种规模化转型绝对要得到董事会的支持和指导。与整个企业范围实施的所有变革一样,数字化转型也必须自上而下推进;因为如果没有一种驱动力来推动变革,公司就会"维持现状"。为推动变革,董事们必须掌握必要的技能和专业知识,以提供变革支持和指导。因此,任命一名精通数字化的董事对于帮助指导董事会处理数字化事务就至关重要了。

也就是说,数字化董事不应该是唯一引领数字化转型议程的人。尽管新董事会成员的任命应该以"数字化转型专家"为主,但在互联网革命已近 30 年之际,即便董事会成员和高管也未必精通数字化,他们也必须对数字化有所了解。随着线上和线下的界线变得越来越模糊,并且每家公司都在向科技公司转变,董事们需要确保自己拥有在新的数字化经济中发挥引领作用所需的技能和知识。

有些人可能会说,技术发展得太快,以至于跟不上时代的步伐,在很多方面确实如此。尽管如此,如果董事会能在战略层面上理解有关数据、平台和智能系统的重大决策,并聘请专家在微观层面上帮助决策,他们将发现自己处于极其有利的地位,可引领组织成功实现数字化转型。

凭借完善的投资管理、技术风险管理和董事会支持,就可轻松加速企业内部的变革了。

至此,第 III 部分就全部结束了。"结语"一章将分享关于如何利用好数字化机遇的想法和建议。

结语

机会的聚宝盆

> 所有人的收获都是冒险后的果实。
> ——希罗多德

新经济的创新速度已从根本上改变了传统的商业模式，随着科技巨头和初创企业投资于几乎所有数字化领域，这种颠覆性力量的势头只会持续下去。在这一巨大转变中，困住很多经验丰富的从业者，而那些掌握传统业务增长策略的人，渐入佳境。

有人说，前数字时代企业已输掉这场战争，他们最成功的岁月已经过去了。但反对者认为，在即将到来的颠覆过去后，利润率下降是无可避免的，而那些了解数字技术的人则找到了机会的聚宝盆。前数字时代的企业拥有强大的供应链、独特而令人印象深刻的内部专业知识和能力、庞大的网络以及强大的客户基础和声誉。从目前的情况看，这些资产没有得到充分利用，因为前数字化企业的现任领导者本能地关注并投资于过时的商业战略。但现在比以往任何时候都更需要改变，留给领导者的时间已经不多了。那些希望在新经济中获得成功的人，需要采取行动，不是担心保护现状，而是在竞争对手获得荣誉前，主动寻求颠覆自己。

作为在前数字时代工作的技术人员，我们理解您作为这样一个组织的领导者所面临的挑战，以及在变化和不确定性面前不知所措的感觉。这就是为什么我们为您提供了一个简洁的框架，使您的公司成功地从前数字时代过渡到数字时代。我们不会低估数字化转型任务的艰巨性,但我们一直在努力证明一个事实,无论您是否去争取,机会都是存在的。

我们相信,在完整阅读本书后,您将了解到每一章的重要性,以及成功领导数字化转型,并想象新愿景的分层框架。您的战略、组织设计和文化对于打造飞轮至关重要,飞轮由三个关键的数字组件(数据、平台和智能系统)提供动力。变革将加速推动数字化转型,确保董事会拥有良好的领导力,用适当的风险管理实践来保护组织,以及具备正确的投资心态,在面临不确定性的情况下,推动企业的长久发展和增长。

与所有重大商业决策一样,这种规模的变革必须由高层推动,但组织的各个层级必须给予支持。为发展壮大,组织需要一个坚定的领导者,一个愿意将自己和组织推到各自舒适圈之外的人。

投资未来

想要拥有未来,您必须先投资于未来。

新经济才刚刚起步,关于未来充满很大的不确定性。据我们所知,技术将在解决我们今天面临的最复杂的政治、社会和环境问题方面发挥巨大作用。数据、平台和智能系统将是实现这一目标的基础。

互联网是一个全球开放的提供数据的平台,是我们新经济的支柱。那么其中的机会有多大?根据世界经济论坛(World Economic Forum)的数据,全球仍有40亿人无法使用互联网。让这40亿人上网,不仅能在新市场方面,而且在人类文明进步方面,都将带来巨大机遇。

随着越来越多的人和创意融入这个全球平台,新颖的互动形式将不断涌现,全球互联网连接将遍布各个角落。随着银行等集中化机构和平台失去影响力和控制力,我们还将看到大规模的权力转移。我们将看到发展中国家的经济走向欣欣向荣,并看到分布式平台促进各方之间的互动，而不再需要中介。

人工智能将在社会和经济发展中发挥越来越重要的作用。人工智能的一个有趣例子是机器学习和区块链技术的融合。这一领域的工作才刚开始，但现在已经有了使机器和算法能够相互进行买卖、协商的基础，而不需要人工干预。这一活动是通过利用智能合约、不可变的和分布式的区块链账本、以大量数据集为基础的自学习算法来实现的。

随着区块链、图像技术、云计算和人工智能的成熟，自动化的、自管理的"系统"才刚成为可能，并将继续发展。随着这些类型的系统变得司空见惯，管理我们如何开展业务的流程和规则将完全改变。这将如何影响企业的未来还很难说。我们可自信地预测，那些渴望在未来取得成功的人必须设法理解和接受这些技术，以及这些技术带来的相关机会。

拥抱变革

到处都有迹象表明，商业世界正在发生一场巨变。有些人将其称为第四次革命，而另一些人则认为这只是基于信息、数据或网络效应的新经济的开端。不管人们如何定义这些发展，变革都始终存在。技术发展的速度和时机提出许多问题，许多答案尚未被发现。对我们来说，变化是已知的最大未知力量，也是真正始终如一的力量。请记住，这个转变没有止境，您永远都在追逐数字化的变革中。

雄心勃勃的组织必须紧追潮流，并建立必要的数字基础，以迎接新挑战。固守现状的企业将存在失去竞争优势和生存能力。互联网已导致大规模的颠覆，各行各业和全球各地的各种规模的企业都在竞相制定战略，以支持新的增长曲线。本书作为一本指南，旨在帮助企业克服不可避免的障碍，并规划未来的成功之路。

我们希望本书能给您信心，让您在创新和技术上做进一步投资，并在未来几年里，在部门内、行业内甚至是在全球范围内展开竞争。本书讲述如何为您自己以及继任者创造一份遗产。这只是时间问题，而不是可能性的问题。所以，要开拓新视野，向客户学习。不要害怕失败；记住，数字化是一个持续角逐的过程，并没有终点。

参 考 文 献

以下参考文献中列出本书引用的所有书籍和文章,也可供读者延伸阅读。

Adhikari, S. 2017. Tech execs move up the ASX. *The Australian.*

Van Alstyne, M.W., Parker, G.G. and Choudary, S.P. 2016. Pipelines, platforms, and the new rules of strategy. *Harvard Business Review,* pp. 54-60, 62.

Andreessen, M. 2011. Why software is eating the world. *Wall Street Journal.*

Anthony, S.D., Gilbert, C.G. and Johnson, M.W. 2017. *Dual Transformation: How to Reposition Today's Business While Creating the Future.* Harvard Business Review Press.

Assis, C. 2017. Tesla surpasses Ford as stock zooms to record. *MarketWatch.*

Azhar, A. 2017. When Moore's Law met AI: Artificial intelligence and the future of computing. *Medium.*

Baghai, M. and Coley, S. 2000. *The Alchemy of Growth: Practical Insights for Building the Enduring Enterprise.* Basic Books.

Benaich, N. 2017. 6 areas of AI and machine learning to watch closely. *Medium.*

Bhattacharjee, D., Müller, L. and Roggendhofer, S. 2011. Leading and governing the customer-centric organization. The importance of organizational design and structure. McKinsey.

Billund 2006. Lego's turnaround: Picking up the pieces. *The Economist.*

Bradley, C., Dawson, A. and MacKellar, C. 2016. How incumbents become digital disruptors. McKinsey.

Bradley, J. et al. 2005. How digital disruption is redefining industries. Lausanne (Switzerland). IMD.

Buffett, W.E. 1996. Chairman's letter, 1995.

Buvat, J. et al. 2017. *The Digital Culture Challenge: Closing the Employee-Leadership Gap*, Capgemini Consulting.

Calastone 2017. Technologists under-represented in leadership positions.

Cameron, K.S. and Quinn, R.E. 2011. *Diagnosing and Changing Organizational Culture: Based on the Competing Values Framework*, John Wiley & Sons.

Capgemini Digital Transformation Institute 2017. *The Digital Culture Challenge: Closing the Employee-Leadership Gap.*

Cheredar, T. 2011. Airbnb competitor Wimdu scores $90M, *VentureBeat.*

Christensen, C., 1997. *The Innovator's Dilemma.* Harvard Business School Press.

Christensen, C.M., Anthony, S.D. and Roth, E.A. 2004. *Seeing What's Next: Using the Theories of Innovation to Predict Industry Change.* 1st edn. Harvard Business Review Press.

Columbus, L., 2017. Roundup of Cloud Computing Forecasts, 2017. *Forbes.*

Cong, L. and He, Z. 2017. Blockchain disruption and smart contracts. *Economics of Networks eJournal.*

Crespi, F. and Quatraro, F., eds. 2015. *The Economics of Knowledge, Innovation and Systemic Technology Policy*, Routledge.

Cronin, B., 2016. The dynamic forces shaping AI. O'Reilly Media.

Crozier, R. 2017. Macquarie Bank pilots open banking platform, *iTnews*.

Crunchbase 2017. Global Innovation Investment Report, USA. *Crunchbase*.

Deere, J. 2016. John Deere opens data platform to other software suppliers.

Deloitte 2013. Diversity's new frontier. *Deloitte Insights*.

Douetteau, F. 2017. Companies don't have a data problem, they have a data value problem. *Machine Learnings*.

Duggan, W. 2015. What does O2O mean for the future of e-commerce? *Yahoo! Finance*.

Equifax 2017. Equifax announces cybersecurity incident involving consumer information.

Evans, R. and Gao, J. 2016. DeepMind AI reduces Google data centre cooling bill by 40%. *DeepMind*.

EY Venture Capital Center of Excellence 2016. EY Global Venture Capital Trends 2015.

Fortune 2016. The 25 Best Global Companies to Work For. *Fortune*.

Fortune 2017. Google: #1 on 100 Best Companies to Work For in 2017. *Fortune*.

Frey, C.B. & Osborne, M.A. 2017. The future of employment: How susceptible are jobs to computerisation? *Technological Forecasting and Social Change* 114, pp. 254–80.

Furr, N. & Zhu, F. 2016. Transitioning your company from product to platform. *Harvard Business Review*.

Gall, J. & Blechman, R.O. 1977. *Systemantics: How Systems Work and Especially How They Fail,* Quadrangle.

Gallup 2017. State of the American Workplace.

Garcia-Alfaro, J. et al., eds. 2015. *Data Privacy Management, Autonomous Spontaneous Security, and Security Assurance Illustrated.* Springer.

Gartner 2016. Gartner says by 2020, a corporate 'no-cloud' policy will be as rare as a 'no-internet' policy is today.

Gartner 2016. Gartner survey reveals investment in big data is up but fewer organizations plan to invest.

Gates, B., Myhrvold, N. and Rinearson, P. 1995. *The Road Ahead*, 1st edn, Viking.

Geertz, C. 1973. Thick description: Toward an interpretive theory of culture. From *The Interpretation of Cultures: Selected Essays.*

Geertz, C. 1973 (2008). *The Interpretation of Cultures: Selected Essays.* Basic Books.

Geissbauer, R., Veds, J. and Schrauf, S. 2016. *A Strategist's Guide to Industry 4.0.*

Glassdoor 2017. Glassdoor announces winners of its employees' choice awards recognizing the best places to work in 2018.

Gloster, S. 2017. Data breaches the looming drain on brand trust, *Australian Financial Review.*

Golden, J. 2017. Lessons learned scaling Airbnb 100X. *Medium.*

Greene, J. 2016. Microsoft to acquire LinkedIn for $26.2 billion. *Wall Street Journal.*

Greene, T. 2017. LinkedIn loses legal right to protect user data from AI scraping. *The Next Web.*

Gupta, L. 2015. Android — moat or economic castle. Should Google revisit its choice? *Medium.*

Hagstrom, R.G. 2013. *The Warren Buffett Way*, John Wiley & Sons.

Hardy, Q. 2015. IBM to acquire the Weather Company. *New York Times*.

IDC 2016. Worldwide big data and business analytics revenues forecast to reach $187 billion in 2019, according to IDC.

IDG 2016. 2016 IDG Enterprise Cloud Computing Survey.

Ignatius, A. and Bezos, J. 2013. Jeff Bezos on leading for the long-term at Amazon. *Harvard Business Review*.

Investopedia, Burn Rate.

Jacobs, M. 2017. Software licensing decisions: Consider dual licensing.

Jyoti, R. and Jezhkova, N. Worldwide Storage for Big Data and Analytics Forecast, 2017–2021. IDC.

Kessler, Z. 2016. Millennials. *Bloomberg View*.

Kharpal, A. 2017. China's ride-hailing giant Didi Chuxing raises $5.5 billion, valued at $50 billion. CNBC.

Kishigami, J. et al. 2015. The blockchain-based digital content distribution system. In 2015 IEEE Fifth International Conference on Big Data and Cloud Computing. (BDCloud). pp. 187–90.

Knight, W. 2016. The AI that cut Google's energy bill could soon help you. *MIT Technology Review*.

Konduru, V. 2017. 3 ways data quality impacts predictive analytics, towards data science. *Medium*.

Korn Ferry 2013. The digital board: Appointing non-executive directors for the internet economy.

Lavender, J., Hughes, B. and Speier, A. 2017. KPMG *Venture Pulse* Q3, 2017.

Loizos, C. 2017. As Uber's value slips on the secondary market, Lyft's is rising. *TechCrunch*.

Lovinus, A. 2016. Top CPUs 2016 best processors for business systems. *HardBoiled*.

Luxton, E., 2016. 4 billion people still don't have internet access. Here's how to connect them. World Economic Forum.

Lynley, M. 2017. The new iPhone 8 has a custom GPU designed by Apple with its new A11 Bionic chip. *TechCrunch*.

Manville, B. 2016. Are platform businesses eating the world? *Forbes*, 14 February.

Marr, B. 2014. Big Data: The 5 Vs everyone must know.

Marr, B. 2017. Data Strategy: *How to Profit from a World of Big Data, Analytics and the Internet of Things*. Kogan Page.

McAfee, A. and Brynjolfsson, E. 2017. *Machine, Platform, Crowd: Harnessing Our Digital Future*. W.W. Norton.

McChesney, C., Covey, S. and Huling, J. 2012. *The 4 Disciplines of Execution: Achieving Your Wildly Important Goals*. Simon and Schuster.

de Montcheuil, Y. 2015. IBM acquires the Weather Channel: when technology vendors become data vendors. *InfoWorld*.

Morgan, S. 2016. Cybercrime Damage Costs $6 Trillion in 2021. Market Data. *Cybersecurity Ventures*.

Mui, C. 2012. How Kodak failed. *Forbes*.

Nakamoto, S. 2009. Bitcoin: A peer-to-peer electronic cash system. bitcoin.org.

Newman, L.H. 2017. The Equifax breach was entirely preventable. *Wired*.

Ng, A. 2016. What AI can and can't do. *Harvard Business Review*.

Opensource.org, The open source definition (annotated). Open Source Initiative.

O'Reilly, G.M., Mori, A. and Cameron, P.A. 2003. Measuring the immeasurable. *Medical Journal of Australia* 179(1).

Parker, G. and Van Alstyne, M.W. 2017. Innovation, openness, and platform control. *Management Science*.

Parker, G.G., Van Alstyne, M.W. and Choudary, S.P. 2016. *Platform Revolution: How Networked Markets Are Transforming the Economy — and How to Make Them Work for You*. 1st edn. W.W. Norton.

Paul, K. 2017. Top 10 car manufacturers in the world in 2016. *DriveSpark*.

Ponemon Institute LLC 2017. Ponemon Institute's 2017 Cost of Data Breach Study: Australia.

Porter, M.E. 1997. *Michael Porter's Landmark Trilogy: Competitive Strategy/Competitive Advantage/Competitive Advantage of Nations*. Free Press.

Porter, M.E. 1998. *Competitive Strategy: Techniques for Analyzing Industries and Competitors*. Free Press.

Porter's five forces analysis, Wikipedia.

Rauser, A. 2016. *Digital Strategy: A Guide to Digital Business Transformation*. CreateSpace Independent Publishing Platform.

Ravichandran, D., Lu, J. and Lee, R., 2017. Airbnb vs Uber: Who will win the on-demand economy? *Fortune*.

Redman, T.C. 2008. *Data Driven: Profiting from Your Most Important Business Asset*. Harvard Business Press.

Reuters, 2017. Netflix's binge-watching model is set to take over TV. *Fortune*.

Reynolds, A. and Lewis, D. 2017. Teams solve problems faster when they're more cognitively diverse. *Harvard Business Review*.

Rickards, T. and Grossman, R. 2017. The board directors you need for a digital transformation. *Harvard Business Review*.

Rosic, A. 2016. What is Ethereum? A Step-by-Step Beginners Guide [Ultimate Guide]. *Blockgeeks*.

Ross, J. The fundamental flaw in AI implementation. *Sloan Review*.

Rowley, J.D. 2017. Q3 2017 Global Report: VC Deal and dollar volume projected to reach post-dot com highs. *Crunchbase News*.

Sadkowsky, T. 2017. How can thick data improve the way we use big data?

Sarrazin, H. 2016. Adapting your board to the digital age. McKinsey.

Schwab, Klaus 2016. The Fourth Industrial Revolution: What it means and how to respond. World Economic Forum.

Scott, K.M. 2017. *Radical Candor: Be a Kick-Ass Boss without Losing Your Humanity*. 1st edn. St. Martin's Press.

Seely, S. 2016. The Amazon Flywheel: Part 1. Sam Seely.

Shah, S. Transcript: @Chamath At StrictlyVC's Insider Series.

Shankar, R. 2017. Weaving your own big data fabric. *Dataversity*.

Shapiro, C. and Varian, H.R. 1999. *Information Rules: A Strategic Guide to the Network Economy*, Harvard Business Press.

Simonite, T. 2017. To compete with new rivals, chipmaker Nvidia shares its secrets. *WIRED*.

Smith, C. 2017. 125 Amazon statistics and facts. (November 2017). By the numbers.

Susskind, R. and Susskind, D. 2015. *The Future of the Professions: How Technology Will Transform the Work of Human Experts*, Oxford University Press.

The last Kodak moment? 2012. *The Economist*.

Thompson, B. 2015. Netflix and the conservation of attractive profits. *Stratechery*.

Thompson, B. 2016. Defining aggregators. *Stratechery*.

Thompson, B. 2017. Alexa: Amazon's operating system. *Stratechery*.

Thompson, B., 2017. Everything is changing; So should antitrust. *Stratechery*.

Thompson, C. 2013. Relying on algorithms and bots can be really, really dangerous. *Wired*.

Tung, L. 2016. From open-source hater to no. 1 fan: Microsoft now tops Google, Facebook in GitHub contributors. *ZDNet*.

Vermeulen, F. 2017. What so many strategists get wrong about digital disruption. *Harvard Business Review*.

Wang, T. 2013. Why big data needs thick data. Ethnography matters. *Medium*.

Wang, T. 2016. The cost of missing something. TEDxCambridge.

Wang, T. 2016. Why big data needs thick data. *Medium*.

Waters, R. 2013. Slimmed-down Kodak emerges from bankruptcy. *Financial Times*.

Westerman, G., Bonnet, D. and McAfee, A. 2014. *Leading Digital: Turning Technology into Business Transformation*, Harvard Business Press.

Wikipedia 2017. Robin Dunbar.